作者简介

吴春宁，毕业于中山大学历史学专业，文博副研究馆员。2015—2023年任中山市博物馆馆长，2023年8月起任孙中山故居纪念馆馆长。长期在文物博物领域工作，组织领导了中山市博物馆新馆项目方案设计、基建协调监督、陈列展览设计施工等工作。

余子龙，毕业于中山大学历史学专业，文博研究馆员。2016—2023年任中山市博物馆副馆长，2023年9月起任中山市博物馆馆长。"中山英才计划"特聘人才。长期致力于地方史研究和文物阐释利用，领衔和参与了诸多展览的策展工作。

缪斯

MUSE

文库

本书由中国博物馆协会与腾讯基金会"腾博基金"资助

风起伶仃洋

The Wind Blows from Lingding Channel

中山市博物馆
基本陈列
策展笔记

吴春宁　余子龙　著

ZHEJIANG UNIVERSITY PRESS
浙江大学出版社
·杭州·

图书在版编目（CIP）数据

  风起伶仃洋 : 中山市博物馆基本陈列策展笔记 / 吴

春宁，余子龙著. -- 杭州 : 浙江大学出版社，2024. 11.

（中国博物馆陈列展览精品·策展笔记）. -- ISBN 978

-7-308-25261-4

  Ⅰ . G269.276.53

  中国国家版本馆 CIP 数据核字第 20249FX551 号

风起伶仃洋

中山市博物馆基本陈列策展笔记

吴春宁　余子龙　著

出 品 人	褚超孚
策划编辑	张　琛　陈佩钰　吴伟伟
责任编辑	马一萍
责任校对	赵　珏
美术编辑	程　晨
出版发行	浙江大学出版社
	（杭州市天目山路148号　邮政编码：310007）
	（网址：http://www.zjupress.com）
排　　版	浙江大千时代文化传媒有限公司
印　　刷	杭州捷派印务有限公司
开　　本	710mm × 1000mm　1/16
印　　张	14.25
字　　数	200千
版 印 次	2024年11月第1版　2024年11月第1次印刷
书　　号	ISBN 978-7-308-25261-4
定　　价	88.00元

总　序

　　在社会主义文化强国建设的进程中，博物馆扮演着中华文明优秀成果守护者、传承者与传播者的重要角色。作为博物馆教育与传播的核心媒介，陈列展览成为博物馆守护文化遗产、传承中华文明、讲好中国故事的关键工作。好的陈列展览离不开好的策展工作。策展是构建陈列展览的过程，是通过逻辑和观念的表达，阐释文物藏品的多元价值，构建公众与遗产之间的对话空间，激发广泛社会价值与文化价值的思维和组织活动。博物馆策展的理论与实践水平，很大程度决定了陈列展览的思想境界、文化内涵、艺术品位与传播影响。因此，博物馆策展的学术研究和业务能力建设是提高博物馆陈列展览工作业务水平和影响效果的重要途径；某种意义上，也是促进我国博物馆事业高质量发展的关键所在。

　　"中国博物馆陈列展览精品·策展笔记"丛书的出版，正是源于对上述问题的思考。作为我国博物馆行业发展的协调者与促进者，中国博物馆协会长期致力于博物馆展陈质量建设和策展能力提升。在持续不断的摸索和实践中，许多博物馆同仁建议我们依托"全国博物馆十大陈列展览精品推介活动"，围绕一批业内公认的具有较大影响力与鲜明特色的获奖展览项目，邀请策展团队，形成有关策展过程和方法的出版物。在不断的讨论中，我们逐渐明确：这种基于展览策划的出版物，显然不同于博物馆中常见的对于展览内容及重点文物介绍的"展览图录"，而更适合被称为"策展笔记"。

　　所谓"策展笔记"，一方面，要聚焦"策展"的行动内容，也就是要透过展览看幕后，核心内容是展览从无到有的建设过程，尤其要重点讲述展览选题、前期研究、团队组建、框架构思、展品组织、形式设定、艺术表达、布展制作等当代博物馆展览策划的核心流程及相关体会。另一方面，要突出"笔记"的内涵风格。如果与记录考古工作的过程、方法与认识的"考古报告"相类比的话，"策展笔记"则是对陈列展览的策展过程、方法与认识的重点记录。与此同时，作为与"随笔""札记"等相似的"笔记"文体，也应带有比较强烈的主观性、灵活性和较高的自由度，宜以第一人称的口吻展开，重在呈现策展的心路历程与思考感悟，而不苟求内容体系的完整性与系统性；重在提炼策展的经验、理念、亮点，讲好值得分享的策展专业理论、专业精神、专业态度和专业手法等。我们相信，这样的"策展笔记"，不但可以作为文博行业了解我国文博系统优秀展览的"资料工具书"，也可以作为展陈从业者策展创新借鉴的"实践参考书"，还可以作为普通大众的"观展指南书"，帮助他们了解博物馆幕后工作，更好领略博物馆展陈之美。

丛书第一辑收集了 2019—2021 年度全国博物馆十大陈列展览精品推介的代表性获奖项目，覆盖全国不同地域，涵盖考古、历史、革命纪念等不同类型。由于缺乏经验借鉴，加之展览类型的多元性、编写人员构成的差异性等，在撰稿与统稿过程中，我们遇到了远超预期的挑战。这些挑战包括但不限于：如何平衡丛书的整体风格与单册图书的个体特色；如何兼顾写作内容的专业性特质与写作表达的大众性要求；如何将策展实践中的"现象描述"转化为策展理念的"机制提炼"，充分体现策展的创新点和价值点；如何实现从"报告思维"向"叙事思维"的转型，生动讲述策展的动人细节；如何在分析个案内容的同时对行业的普遍性、典型问题进行有效回应，发挥好优秀展览的示范作用；如何解决多人撰写所产生的文风不统一问题，提高统稿工作的质量和效率；等等。幸运的是，在各馆撰稿团队的积极配合下，在专家的有力指导下，我们通过设定指导性原则、确定写作指南、优化统稿与编审机制等途径，一定程度克服了上述挑战难题，基本完成了预期目标。

　　这套丛书的问世，离不开撰稿人、专家和编辑的辛勤劳动。我们衷心感谢北京鲁迅博物馆（北京新文化运动纪念馆）、中国人民革命军事博物馆、山西博物院、吴中博物馆、扬州中国大运河博物馆、杭州市萧山跨湖桥遗址博物馆、山东博物馆、湖北省博物馆、盘龙城遗址博物院、成都武侯祠博物馆、陕西历史博物馆、秦始皇帝陵博物院、和田地区博物馆等博物馆策展团队撰稿人的精彩文本。同时，我们衷心感谢南京博物院理事长、名誉院长龚良，复旦大学文物与博物馆学系主任陆建松，浙江大学艺术与考古学院教授严建强，北京大学考古文博学院教授宋向光，上海大学现代城市展陈设计研究院执行院长李黎，西安国家版本馆（中国国家版本馆西安分馆）副馆长董理，清华大学美术学院副教授李德庚等多位学者、专家的认真审读与宝贵的修改建议。感谢浙江大学出版社董事长、党委书记、总编辑褚超孚，以及社科出版中心编辑团队的细致审校和精心编辑，他们的工作为丛书的顺利出版提供了坚实的保障。浙江大学艺术与考古学院"百人计划"研究员毛若寒博士在这套丛书的方案策划、组织联络、出版推进等方面，用力尤勤，付出良多。此外，还有许多在本丛书筹划、编辑、出版过程中给予帮助的专家、老师，无法一一列举，在此谨对以上所有人员致以最真挚的感谢和敬意。

　　严建强教授在一次咨询会上曾对这套丛书给过一个很高的评价，认为它是当代博物馆专业化建设的一个重要的里程碑。对于这个赞誉，我们其实是有点愧不敢当的。我们很清楚，丛书第一辑的整体质量还有待提升，离"里程碑"的高度存在一定差距。但通过第一辑的编辑出版，我们为接下来的第二辑、第三辑的编写积累了经验、增强了信心。今后，我们会继续紧扣"策展笔记"作为"资料工具书""实践参考书"与"观展指南书"的核心功能定位，继续深化对于博物馆展览策展笔记的属性、目标、功能、内涵、形式等方面的认知，努力通过策展笔记的编写，带动全行业策展工作专业水平的整体提升。这虽然是一件具体的事情，但对构建博物馆传承与展示中华文化的策展理论体系和实践创新体系，推动博物馆守护好、展示好、传承好中华文明优秀成果，为博物馆事业的高质量发展、为建设社会主义文化强国不断做出新贡献，是很有积极意义的。我们相信，有全国博物馆工作者的积极参与，我们一定能把这套丛书做得更好，做成中国博物馆领域的著名品牌。

是为序。

刘曙光

中国博物馆协会理事长

2023 年 8 月

第二辑赘言

自"中国博物馆陈列展览精品·策展笔记"第一辑问世以来，我听到了文博业界及学术圈同仁们不少的夸奖。一些博物馆展陈从业人员自发撰写评论，从实操与理论等层面解读策展理念，提炼专业经验。浙江大学、陕西师范大学等高校将其纳入教学过程，作为培育新一代策展人的学习资料，凸显了"策展笔记"的教育价值。微信读书以及各类新媒体平台的留言体现出"策展笔记"已成为广大观众理解博物馆策展艺术、深化观展体验的"新窗口"，拉近了公众与博物馆文化的距离。不少读者热情高涨，纷纷点赞并留下评论，将之视为"观展宝典"。

读者的肯定，是我们编辑出版"策展笔记"的最大动力。在 2023 年 11 月第一辑刚发行之时，第二辑也进入了紧锣密鼓的撰写阶段。基于前期积累，第二辑在保持原有特色的同时，力求策展写作内容深度与广度的双提升，旨在展现中国博物馆策展实践的多元视角与前沿动态。

江西省博物馆的"寻·虎——小鸟虎儿童主题展"，作为"策展笔记"第一例儿童主题展览，深刻揭示了策展人对儿童心理与行为特征的敏锐洞察，彰显了博物馆对儿童受众的关怀与重视，映衬出博物馆服务理念的革新与拓展。上海天文馆的"连接人和宇宙"基本陈列作为自然科学类展览在丛书中首次呈现，极大地丰富了"策展笔记"的题材与内涵。广东省博物馆的"焦点：18—19 世纪中西方视觉艺术的调适"，是粤港澳大湾区首屈一指的外销画专题展览，荣获"十大精品推介"之"国际及港澳台合作奖"，反映出中国博物馆策展的国际视野，亦是出入境展览在"策展笔记"中的初次亮相。值得一提的是，我们特别收录了虽未参与"十大精品推介"但承载着深厚文化内涵与当代价值、在故宫博物院举办的"何以中国"展览。我们认为，独特的时代性、典型性与代表性，使其成为不可多得的策展典范；我们坚信，其策展智慧值得广泛传播与深入探讨。

在"导览"篇章，"策展笔记"第二辑更加注重构建"策展人导览观展"的沉浸式氛围。例如，上海天文馆的策展笔记立足科普导游与创意巧思，构建出令人心驰神往的宇宙奇景，极大提升了读者的参与感与体验度。"策展"篇章的解析深度与广度也有所提升，体现出更加强烈的问题意识，在撰写个案的同时探讨普遍性议题。如"何以中国"的策展笔记首次提出了"展览观"的命题，深入剖析展览背后的策展理念与文化价值，启发策展人对展览本质的再思考。同时，第二辑还加大了对展览"二次研究"和"学理解析"的力度，对策展相关的"叙事""阐释""符号"等现象进行了学理上的深入探究，将理论成果融入策展实践，进一步提升了展览的学术性和专业度。

技术细节的呈现成为"策展笔记"第二辑的另一大亮点。如对陕西考古博物馆的"考古圣地华章陕西"主展标设计过程的全揭秘，不仅展现了策展团队的匠心独运，也让读者对展览背后的专业技术支撑有了更直观的认识。

最后，第二辑在观展与策展之间建立了更紧密的联系。在"观展"篇章，不少书稿引入观众报告，让策展工作更贴近观众需求，提升了展览的互动性与社会影响力，折射出了策展与观众的双向赋能。

"策展笔记"第二辑依然集结了一支由撰稿人、专家与编辑组成的优秀团队。在此，我们向故宫博物院、辽宁省博物馆、上海天文馆、苏州博物馆、浙江省博物馆、杭州市临平博物馆、江西省博物馆、郑州商代都城遗址博物院、广东省博物馆、中山市博物馆、广西壮族自治区博物馆、四川博物院、陕西考古博物馆等多家博物馆的策展团队贡献的精彩文本表示由衷感谢。同时，还要继续感谢南京博物院理事长、名誉院长龚良，复旦大学文物与博物馆学系主任陆建松，浙江大学艺术与考古学院教授严建强，北京大学考古文博学院教授宋向光，上海大学现代城市展陈设计研究院执行院长李黎，西安国家版本馆副馆长董理，清华大学科学博物馆（筹）高级顾问杨玲等专家学者，他们的专业审读和中肯建议对提升"策展笔记"内容质量起到了关键作用。我们还要向浙江大学出版社董事长、党委书记、总编辑褚超孚，副总经理张琛，社科出版中心编辑团队及所有参与的工作人员致敬，他们一丝不苟的工作态度与精益求精的专业精神，确保了"策展笔记"第二辑的高质量出版。我还要特别鸣谢今天在浙江大学艺术与考古学院任"百人计划"研究员的毛若寒博士。作为执行主编，他不仅协助我延续并深化了策展笔记的体例，更以其富有朝气的学术洞察力推动了丛书品质的进一步提升。此外，还有许多未被逐一提及的专家和同仁，他们的辛勤工作和专业精神对整个编撰项目至关重要，我对他们表示由衷的感谢和敬意。

　　"策展笔记"如同一扇开启多元视野的窗，亦如聚焦万象的镜头，第二辑尤为如此。它不仅展现了中国博物馆展览生态的丰富多样，更深刻揭示了策展实践背后的创新思维与理论深度。从第一辑至第二辑，这套丛书见证了中国博物馆策展领域的进步，每一页笔记都凝结着策展人对新时代博物馆的角色与功能的深邃思考。这一历程不仅是策展理念革新的实录，亦是中国博物馆人敢于探索、勇于创新精神的鲜活体现。展望未来，我们将秉持"讲好中国故事"的初心，以"策展笔记"为桥梁，不断深化对新时代博物馆使命的理解与实践，致力于通过精品展览传承中华优秀传统文化，弘扬革命文化，发展社会主义先进文化，为建设社会主义文化强国、推进中国式现代化贡献博物馆的力量。

刘曙光

2024 年 8 月

目
录

風起伶仃洋

The Wind Blows from
Lingding Channel

引 言

当地方博物馆遇见历史人类学

　　"风起伶仃洋——中山市博物馆基本陈列"是中山市博物馆新馆的固定展览，包含"风起伶仃洋——中山历史陈列"和"沧海之阔——中山华侨历史陈列"两部分。中山市博物馆新馆在旧馆的基础上扩建而成，在保留馆区内的侨立中山公医院（市级文物保护单位）和中共中山县委139招待所、郑藻如故居两处不可移动文物的基础上，新建了两幢主体建筑。馆区总占地面积17426平方米，总建筑面积24832平方米。它将园林、建筑与历史相结合，在院落式布局中巧妙利用新老建筑融合共生的设计理念，打造了一个全面展示中山人几千年来不断追求美好生活的空间，凸显了中山人在推动中国近代化转型中敢为天下先的精神气度。

　　为了在地方历史陈列中突出中山特色，我们于2008年邀请时任中山大学历史人类学研究中心主任刘志伟教授担任总策划，与馆内业务骨干组成策展团队，共同打造了一个集内容与形式、学术与普及、创意与氛围于一体的精品展览。策展团队经过多重磨合，运用历史人类学的研究方法，结合考古学、澳门史、华侨史的最新研究成果，充分利用4200多平方米的展厅空间，将历史文献解读与田野调查相结合，从全球史视野出发，从伶仃洋地理空间入手，利用1286件（套）文物讲述香山（中山）人追求美好生活的历史。展览力求既展示地方特色，又能从当地人民的生活去展示国家宏大历史进程，进一步增强文化自信，为高质量发展凝聚奋进的精神力量。

一、风起：地方历史陈列如何凸显特色

　　随着中国改革开放取得巨大成就，社会生活发生了根本的改变，人民群众和地方政府对本地历史文化的兴趣越来越浓，各地市新建扩建地志性博物馆蔚然成风。地方建设博物馆，无一例外都希望通过挖掘和展示当地悠久而丰富的历史，弘扬本地优秀文化传统。博物馆讲述一个地方的历史，当然要通过文物展示和陈列布局来表达。然而，一个地方的历史叙事，不只是呈现一种事实，也取决于我们的历史观，取决于我们用什么眼光去观察，用什么语言来表述。长期以来，人们熟悉的中国历史，都是以王朝更替为基本框架，所以地方历史也大多按王朝分期来叙述。我们在很多地方博物馆看到的本地历史，大多按不同的王朝时期罗列生活于此地的人与本地发生的事，文物也自然分布在按王朝划分的展区里。于是，地方历史成为王朝历史的地方版，而地方文化的特色，也笼罩在王朝的光影中。

　　然而，历史是人民创造的。每一个地方的历史特色，都是当地的人民在当时的生态环境下，与自然条件互动的结果。人们在特定的自然条件下创造自己的生存和生活空间，自然与社会环境在人们的活动中改变，形塑出本地的文化。毫无疑问，在漫长的历史发展中，王朝国家的统治直接推动了地方的文明进程，但国家在地方社会的存在，也在本地人民的活动中发挥着作用。更重要的是，地方人士积极加入国家历史进程，他们的行动就会对国家产生深刻的影响，甚至改变国家历史的走向。这种地方的能动性在中山的历史上很典型地表现出来。

　　在这样一种历史观下，我们认识中山历史的目光，首先应该落在这个地方的自然生态环境上，从人与自然互动的视角去展开。在这个视野下，中山历史最鲜明的色彩，就是在一片从海洋中生成的大地上展开的国家过程和场景。我们从这个古代被称为香山的地方，看到的是在蓝色海洋上展开的大地，香山本地的历史进程渗透着深深的海洋底色。

　　在高速公路如蛛网般密布的今天，从四面八方前往中山，都不会感觉到这是一个孤悬大海中的岛屿。从广州出发，驱车一小时就可以抵达中山市区；若从高处俯览中山大地，满目所见就是一片广袤的陆地。不过，大约半个世纪前从广州到中山，在航行着的船上睡一个晚上才能到达。当时，如果乘汽车，则要搭轮渡至少过五六次海，因此，"香山僻在海岛汪洋渺沵中"（赵弘：《双槐集序》）的说法，一点都不令人觉得奇怪。嘉靖《香山县志》的舆图呈现的四周大海环绕的香山岛，是香山的本相。近年来，中山文史工作者用"风起伶仃洋"来概括香山历史，实在是非常贴切。新建成的中山市博物馆的中山历史陈列，就用"风起伶仃洋"作标题，鲜明地突出了香山文化的海洋属性。

　　"风起伶仃洋——中山历史陈列"从"海上香山蛮烟雨"进入香山的历史现场，观众跟随着在伶仃洋上星罗棋布的岛屿上生息的古人，从海洋世界步入农耕文明。在这里，展览通过生动的展陈方式，再现了明代人邓迁《石岐夜泊奉次泰泉老先生韵》中描绘的那种历史情境：

> 庾岭下连云外岛，香山遥际海中天。洲渚迢迢分聚落，沧波渺渺还风烟。风烟聚落参差起，远屿周回七百里。郊野耕渔作息间，江村樵牧弦歌里。万井畲田海外沙，四山稜角落梅花。冠裳济济眩朝日，箫管咿哑散晚霞。[1]

　　这个在海洋生态下形成并向陆地乡村社会演变的人文和自然景观，拉开了本地乡村社会历史的帷幕，将香山地方社会纳入王朝国家体系，中华优秀传统文化在这块土地上扎根，鲜明地展示了香山历史文化的基本特色。香山历史依海而生、居陆而兴的特色，是由世世代代生活在海岛、出没于风波中的疍民创造的，但是，这些创造香山历史的主人，在王朝历史中长期被埋没，这个群体也长期被歧视，被欺凌。今天香山的历史陈列，将他们置于历史的主场，这就是我们极力要体现的"地方特色"。

香山历史的海洋节奏，更突出表现在最近 500 年的历史进程中。在大航海中，葡萄牙人等欧洲人来到中国，在香山建立基地，经由澳门，同西方世界发生了数百年的交往，香山人成为中国最早大规模走向世界的群体。到了近代，走向世界的香山人将世界带入中国。在推翻帝制走向共和的革命、马克思主义传播、工人运动、大学教育和留学事业、近代产业和商业、现代都市发展、图书出版、电影、音乐、美术、摄影等各个领域，从香山走出的精英们都立于历史潮头，推动中国走上近代化的道路。近代香山人创造的历史在改变香山本地社会的同时，更改变了国家的面貌。

"风起伶仃洋——中山历史陈列"再现了香山历史的这一图景，人们对这块土地的情感在展厅里得到升华。希望中山的人民和外来的客人，也都能被这个陈列所感染，获得同样的认识。

二、浪奔：历史人类学如何走进地方博物馆

　　20世纪80年代以来，刘志伟与陈春声、郑振满、赵世瑜以及海外的科大卫、萧凤霞、蔡志祥等历史学和人类学学者以华南地区为实验场，打破传统学科框架，结合历史学和人类学的方法，从具体而微的地域研究入手，探讨宏观的文化中国的创造过程，建立了有关中国历史与社会文化的新的研究范畴和视角。在实践的过程中，很多中外学者不断加入其中，研究范围也由华南扩展到华北、华中、西南等地区，形成了历史人类学华南学派的研究范式。在理论和方法上，他们提倡历史学、人类学等人文社会科学多学科综合研究的方法，强调田野考察与文献资料相结合，把人类学的参与观察和历史学对地方文献、档案等的运用和解读结合起来[2]；强调从中国社会历史的实际和中国人自己的意识出发，理解传统社会发展的各种现象；把焦点放在"地域社会"，注重把地域研究放在一个互相联系的广阔的脉络当中，同时反对把区域史变成中国通史教科书在地方上的翻版，而是注重国家在地方社会的表达，以及国家和社会之间的互动关系[3]；反对不假思索地把精英－民众的二元对立概念作为分析历史的工具[4]，提倡上层精英研究与基层社会研究有机结合[5]。经过近四十年的努力，华南研究取得了丰硕成果，"华南学派"也成为"中国历史学和人类学界不多见的能够和世界学术前沿对话的群体"[6]。

　　地方历史陈列的策划实施，一定程度上是地方历史重新建构的过程。在地域史研究中大放异彩的历史人类学如何走进地方历史陈列呢？

图1-1　中山市博物馆正门

（一）一种理念：从"人"出发

马克思和恩格斯在《德意志意识形态》中指出，"全部人类历史的第一个前提无疑是有生命的个人的存在。因此，第一个需要确认的事实就是这些个人的肉体组织以及由此产生的个人对其他自然的关系。当然，我们在这里既不能深入研究人们自身的生理特性，也不能深入研究人们所处的各种自然条件——地质条件、山岳水文地理条件、气候条件以及其他条件。任何历史记载都应当从这些自然基础以及它们在历史进程中由于人们的活动而发生的变更出发"[7]。受此影响，刘志伟先生认为任何历史首先是人的历史。因此，中山市博物馆（图1-1）的历史陈列采用了以"人"为中心的策展理念，从人的行为出发，反映人在特定的环境中，如何发挥主观能动性，进行历史创造的历程。

　　这有别于按照王朝更替的脉络进行叙事的地方历史陈列。展览如果依照王朝国家的脉络展开，关注的主要是重要人物和重大历史事件，展示的基本上是精英的历史。即便是围绕出土的珍贵文物展开的内容，由于这些文物的主人往往身份尊贵，因而讲述的依旧是精英的历史。

　　历史人类学认为区域的历史必须涵盖区域所有参加者的历史，不会只关注某一群体。相关著作可能既讲述"边缘群体"的历史，谈及"中间阶层"，也论及知识分子和革命领袖。[8]总体上，历史人类学更加注重从普通人的生活、普通人的情感和他们理解世界的方法以及由此产生出的一系列行为去认识和理解国家的宏大历史进程。在这一视野之下，我们希望展览能涵盖香山的社会精英、普通民众抑或长期被历史遗忘的失语者，因为他们都是历史的主角，是需要被讲述的群体。

　　展览以人为中心，中山历史陈列的内容构建自然围绕中山历史中的"人"展开。经过长期的历史发展，中山不同的空间格局下分布着迥异的聚落形态，不同区域的聚落呈现出不同的文化形态。这种差异是当地人面对不同的自然和社会环境进行历史创造的结果。我们从这点出发，将"香山人"划分为先秦岛民、陆上定居的乡民、尚未上岸的水上人、联通中外的新生群体、参与近代化的城市居民、走向世界的华侨等不同群体。从横向看，虽然人群之间一直在流动，个体的身份存在变换的可能，但各群体的特点是鲜明且相对固定的。而从纵向看，虽然时间在发展、朝代在更迭，但每个群体都相对稳定，存续了很长时间。因此，我们围绕这些群体，把基本陈列分成"中山历史陈列"和"中山华侨历史陈列"两个展览，并将"中山历史陈列"分成"海上香山蛮烟雨""安民易俗成村聚""渔户田庐水城国""镜海扬帆立潮头""近代中山开风气"五大专题，让这些群体成为各展览和专题的叙事主角，分别讲述他们的故事。

（二）一种方法：从"田野"出发

　　文献资料是历史研究的基础，也是展览策划的基础。我们通过实地和互联网等方式收集收藏于各图书馆、档案馆、博物馆的文献资料，并对已有研究进行系统梳理，以此作为展览叙事的基础。然而，我们从文献资料中概括的对地方的认识往往是抽象的、缺乏画面感的，但展览需要展示的是一个地方鲜活的历史。

　　把田野调查与文献资料结合起来进行历史研究，这是历史人类学的重要特征之一。在历史人类学的视野中，"田野调查"是一把解开历史密码、认识历史多样性的神奇钥匙。华南研究的核心成员陈春声先生曾这样概括田野的重要性，"在实地调查中，踏勘史迹，采访耆老，既能搜集到极为丰富的地方文献和民间文书，又可听到大量的有关族源、开村、村际关系、社区内部关系等内容的传说和故事，游神冥想，置身于古人曾经生活与思想过的独特的历史文化氛围之中，常常会产生一种只可意会的文化体验，而这种体验又往往能带来更加接近历史实际和古人情感的新的学术思想"，"置身于历史人物活动和历史事件发生的具体的自然和人文场景之中，切身感受地方的风俗民情，了解传统社会生活中种种复杂的关系，在这样的场景和记忆中阅读文献，自然而然地就加深和改变了对历史记载的理解。"[9]

　　因此，我们从"田野"出发，开始中山历史陈列的策展历程。2009年，由刘志伟先生主持的"中山历史文化资源与中山历史陈列研究"项目顺利立项，相应成立了由中山大学历史学系师生和中山市博物馆业务骨干联合组成的调查组，从"田野"进入中山的历史。在此之前，市博物馆的研究人员已结合第三次全国不可移动文物普查，进行了全市范围内的村落与文物调查。因此，调查组根据展览以"人"为中心的理念，从"人"出发，专注于中山的自然人文景观、普通人的生活以及乡村社会结构。调查组根据此前调查形成的区域和村落认识，选取了不同区域、不同类型的镇村开展深入的田野调查。具体从以下几个方面着手：一是收集民间文献，包括碑刻、族谱、账簿、村镇志、文物志、侨刊等各种文书；二是重点关注庙宇、祠堂、社坛、碉楼和华侨屋等不同类型的建筑，着重把握建筑的坐落位置、空间布局、建筑形态、装饰、相关的活动及其背后的故事等内容；三是了解民间的传统手工艺，如黄圃腊味制作、大涌红木雕刻工艺等；四是调查民俗风情，包括各种民间传说、谚语、歌谣、婚俗、丧葬、仪式等；五是关注村民的记忆，例如开村历史、村民的个人生活史、村民记忆中重大历史事件对他们的影响等，了解老百姓是怎么叙述他们自己的故事和历史的。通过两年的田野调查，调查人员对香山人的生计模式与市场网络、宗族组织与族群、民间信仰、民间故事和社区记忆、年节行事与日常礼仪以及民间历史文献等都有了相对深入的认识。

我们从"田野"进入中山人的世界，也用"田野"把观众带进中山人的历史。正如有些研究揭示的，观众处于特定的情境中，在潜意识中会不由自主培育和唤起与展示语境有关的情感意识，从而产生新的认知。[10]我们深知"田野"走向历史现场对于人们认识和理解历史的重要性，因而决定以"全局再造历史现场"作为策展理念，把"田野"搬到展厅。根据"田野"形成的对地方历史和景观的认识，我们将展厅空间设计为村落、民居、沙田、船舱、骑楼商业街等一系列历史情境，融入"田野"中采集的丰富素材，通过文物组合、艺术造境、多媒体运用等方式再现一个个历史现场，演绎不同历史情境中人群的活动。

这一系列情境构造的主角——文物的遴选也与"田野"息息相关。展览以"人"为中心（图1-2），讲述香山人的故事，文物的遴选也以能否反映本地人独特的生产生活作为筛选的首要标准。田野调查所观察到的各种充满本地风味与记忆的物品，如祠堂梁架、花罩、花窗、花板、隔断等成为核心展品，而"田野"收集和博物馆收藏的碑刻、族谱、地契、田契、税亩册、账本等也成为重点展示的对象。在初步遴选的基础上，我们根据田野调查和文献资料梳理的成果，按主题对一组组文物进行深入研究，挖掘文物内涵，为展示内容提供坚实的支撑。

在构造村落的情境时，我们依靠"田野"经验，从村落的原有形态出发，

图1-2 以"人"为中心的展览

抓住闸门、祠堂、民居、水井、榕树、石板路等主要景观，以及蚝壳墙、镬耳墙、碑刻、建筑构件等关键性元素，并以真实的文物作为情境构造的核心和主体，辅以方言歌谣作为环境音效营造氛围，使真实空间中的主要元素在展厅中得以一一再现。在田野调查中，我们看到祠堂往往是一个村落的中心。因此，我们要求把馆藏的祠堂梁架放到展厅的中心位置，但馆藏祠堂梁架的高度与展厅的净高相差无几，展厅正常布置管线的话，就不够空间放祠堂梁架了。为了确保展示效果，我们多次调整方案，最终成功把展厅中部上空的管线挪开，避让出足够高度的空间放置祠堂的梁架，终于让展览呈现出相对完美的效果。在村落中，闸门也是一个关键的元素。中山现存的闸门有多种样式，为了和展厅基调相吻合，我们把各种样式的闸门都一一梳理出来，与展厅环境进行匹配，并多次到现场观察闸门和村落以及周边环境的关系，最终敲定闸门的样式，使得闸门和展厅的整体环境融合在一起。

在沙田情境的构造中，展厅还原沙田"基围""涌"的真实情境，展示水鸟、鱼、蟛蜞等标本模型，辅助以寮、艇、罾等实体景观。为了达到效果，我们多次在不同的时间段到各个沙田区进行深度调查，观察沙田地区的生态、环境，以及在不同时间点潮涨潮落的状态；采访当地老人，了解沙田的历史变迁和生产生活的细节。我们在收集掌握了大量的素材后，才开始进行空间构筑。在沙田延伸画的创作时，原本创作的油画表达了海边朝阳升起时的状态，空间美感很好，但画中的朝阳、沙田、大海和展厅实景的河涌、寮在展厅中呈现的空间相对位置与现实空间不一致。为了保持空间的相对准确性，我们只能有所取舍，对画面进行符合真实情况的调整。可以说，"田野"不仅是我们策展的出发点，也是展览最终的落脚点。

（三）一种视野：从"全球史"出发

地方历史陈列需要面对一个最基本的问题，即如何处理地方与国家之间的关系。一般情况下，地方历史陈列把地方作为国家的一部分，按照朝代划分章节，讲述地方政治、经济、文化和社会发展等方面重要的人和事，把地方历史作为中国通史教科书的地方版本来讲述。有些地方在某些朝代处于王朝的核心区，因而在讲这个时间段的历史时，往往会把地方历史王朝化，用王朝的重要事件来讲地方的历史，以此凸显地方历史的重要性。

历史人类学在处理地方与国家之间的关系时，注重国家在地方社会的表达，以及国家与社会之间的互动关系，反对把区域史变成中国通史教科书在地方上的翻版；同时也强调不要把区域史－国家史简单理解成局部－整体的关系，区域可以是国家里面的一部分，也可以是跨越国家的空间范围，"在以国家内部的一个地方作为研究对象的同时，更应该把这个地方放到更宏大的超越国家的视野里去认识"〔11〕。历史人类学关于区域史研究的这些理念也是我们策展的追求。

我们着眼于地方与国家之间的互动,通过本地民众的生活去反映国家的宏大历史进程。这一思路直接体现在展览内容的构建上。"安民易俗成村聚"主要讲述在地区开发背景下民众定居和接受儒家教化的历史,在内容编排上则暗含着孤悬海外的岛屿如何融入王朝国家的过程。在中国古代,朝廷往往通过对地方的资源控制来实现对该地方的控制。因此,远离帝国中心的沿海边疆地区,其纳入帝国体系的纽带,便总是同海洋向帝国提供的消费物相联系。〔12〕因此,该部分内容以"山海之利"开篇,揭开香山地区通过银矿、盐场的开发管理进入王朝国家的历史。继之"香山立县",讲述香山如何成为"县"以及石岐如何被选定为县城的历史。再继以"零丁烽烟",讲述南宋朝廷自福建败退至广东沿海,香山百姓献粮劳军,起兵勤王。紧接着,展览通过"屯田安民",讲述明王朝在广州府各滨海要地设立卫所,收编本地居民入籍,进行大规模屯田,而民众纷纷在各地定居,繁衍生息的历史。在这过程中,地方官绅大力推广儒家礼仪,一方面崇儒兴学,重视孔庙祭祀,另一方面则在各乡村建祠堂、设家塾、置义田、修族谱,创造性地把宗族与儒家教化结合在一起。

我们也着眼于把香山放到"全球史"的脉络当中,以讲述香山和香山人的历史,打破行政管辖的地域空间界限。香山县原本由伶仃洋上的一群岛屿组成,内联广州,外接南海。以更宏大的视野看,南岭的东江、北江、西江经伶仃洋注入南海。伶仃洋所在的海湾既是中国大陆通往南海的主要门户之一,也是环南海地区和中国大陆两个世界性区域交流连接的主要通道之一。因此,当葡萄牙人东来寻求与中国贸易时,最终选择伶仃洋畔的澳门作为据点。澳门由此逐渐成为全球贸易的重要节点,并将香山与世界连接在一起。

在长达几百年的时间里,香山一直与外部世界保持着紧密的联系。这种联系深刻地影响着香山地方社会和香山人。因此,我们没有就香山讲香山,而是从全球史的视野着手，讲述在全球化的影响下，香山地方社会的历史变迁。在"镜海扬帆立潮头"中，我们先从香山的地理环境入手，展示香山位于伶仃洋上的特殊地理位置，从而展开澳门成为全球贸易网络关键节点的历史。我们叙事的重点不是澳门本身的发展历史，而是全球化给香山社会带来的影响。我们既关注本地人如何参与和融入全球性质的经济文化交流，以及如何跟随遍及全球的交通网络走向世界，也关注走出去的香山人与国家近代化之间的关系。香山人走向了世界，也把世界带回了中国，在各行业、各领域引领中国走向近代化。

香山人既影响着国家，也改造了家乡。近代以来，分布在世界各地的香山人带回了新理念、新技术和新的生活方式，把家乡带进了近代社会。在"近代中山开风气"中，我们重点关注与近代化密切相关的行业，从众多的行业中挑选了客运汽车、摄影、银号、音乐茶楼、书店、商业街等进行重点展示，展现中山与外部世界之间的联系，以及在这种联系的影响下地方社会的发展。

注　释：

〔1〕（明）黄佐：《香山县志》卷七《艺文》，日本国立国会图书馆藏，第47页。

〔2〕蔡志祥、程美宝：《华南研究历史学与人类学的实践》，《华南研究资料中心通讯》2001年第22期。

〔3〕田宓、杨培娜：《多维视角下区域史研究——2004华南研究年会综述》，《史林》2005 年第3期。

〔4〕陈春声：《历史的内在脉络与区域社会经济史研究》，《史学月刊》2004年第8期。

〔5〕王传：《华南学派史学理论溯源》，《文史哲》2018年第5期。

〔6〕王学典主编：《述往知来：历史学的过去、现状与前瞻》，山东大学出版社，2003年，第242页。

〔7〕马克思、恩格斯：《德意志意识形态（节选本）》，人民出版社，2018年，第11页。

〔8〕程美宝等：《把世界带进中国：从澳门出发的中国近代史》，社会科学文献出版社，2013年，第258页。

〔9〕陈春声：《走向历史现场》，陈支平主编《相聚休休亭：傅衣凌教授100周年诞辰纪念文集》，2012年，第478-485页。

〔10〕刘世发：《情感传达视角下的博物馆新展览路径思考》，《博物院》2023年第2期。

〔11〕刘志伟：《借题发挥》，社会科学文献出版社，2019年，第240页。

〔12〕刘志伟：《借题发挥》，社会科学文献出版社，2019年，第130页。

風起伶仃洋

The Wind Blows from
Lingding Channel

保险招商局
中国第一家船舶保险公司

轮船招商局
第一家近代轮船航运公司

百货之潮　思想之光

铁路
清华铁路　实业之基

導 览

一个既属于中山，也属于中国和世界的故事

敢为天下先

一、风起伶仃洋

　　中山市的前身为广州府香山县，位于岭南珠江出海口的伶仃洋上。从全球视野看，这里是岭南中心城市广州与海洋连接的节点，是中国大陆通往南海的主要门户之一，也是环南海地区和中国大陆两个世界性区域交流连接的主要通道之一。明代以后，随着地区开发和经济发展，当地的儒家教化迅速普及，成为人文荟萃之地。当地居民一方面与外部世界保持紧密的联系，另一方面也深受中国传统儒家文化的影响。

　　为系统展示中山历史，在刘志伟教授的主持下，中山市博物馆的基本陈列以历史人类学的方法和研究为主要支撑，在内容上以香山人的历史为主体，以表现香山人的生存空间和历史活动贯穿始终。基于香山地处中华文化的边缘，又是中西文化交汇的前沿这一特点，展览打破疆域的边界，把香山和香山人的历史放到全球贸易和文化交流的宏大叙事中进行审视和理解，呈现在地区开发和全球化互相交织下，香山人的观念意识与情感世界，普通人的日常生活和风俗的演变，并着重通过素材重构，还原既现代又乡土的香山，让观众在展览中穿越时空，走进历史现场。

"风起伶仃洋——中山历史陈列"展览，共分为"序厅""海上香山蛮烟雨""安民易俗成村聚""渔户田庐水城国""镜海扬帆立潮头""近代中山开风气""尾厅"等单元，向大家讲述了香山历史数千年来的发展脉络。在序厅空间（图2-1），我们通过空间上方的繁星和环幕上的云、水、明月，以及展厅中间的群岛写意雕塑，营造一种在烟波缥缈的大海上，香山岛屿星罗、海天一色的空间意境。

（一）海上香山蛮烟雨

了解一个地方的历史文化，首先要从它的地理环境开始。我们以先秦时期香山的地理环境示意图为开端，点出了香山地区特殊的地理环境。这里在几千年前就是珠江口海湾中间的一群岛屿，当时的人们主要生活在五桂山四周的海滨地带和周边海岛上。

从考古出土的文物出发，我们在展柜中展示的大量的石器、夹砂陶、泥质陶、印纹陶和少量的青铜器等直观反映香山境内一共发现有10多处从新石器时代到商周时代的遗址。通过观看大量的石网坠、石锛和铜鱼镖，观众可以得知当时的人们依然居住在五桂山周围的海边，其生活方式逐渐由渔猎采集向渔猎和农耕结合转变。我们还特意设置了模拟考古探方的中岛，向观众普及考古知识，以便观众更加直观地了解不同地层出土不同时期的文物这个考古地层学的概念。

南朗龙穴遗址是一处新石器时代至商周时期的文化遗址。我们设置"龙穴遗珍"展区（图2-2），展示了石网坠、石凿、石锛、饼形石器、石拍等石器和彩陶圈足盘、彩陶豆、夹砂陶釜以及商代的陶钵、陶釜、陶壶等陶器，共计上百件，用这些文物说明早在5000多年前就有香山先民在此聚集生活，繁衍生息。

图2-1 "风起伶仃洋——中山历史陈列"序厅

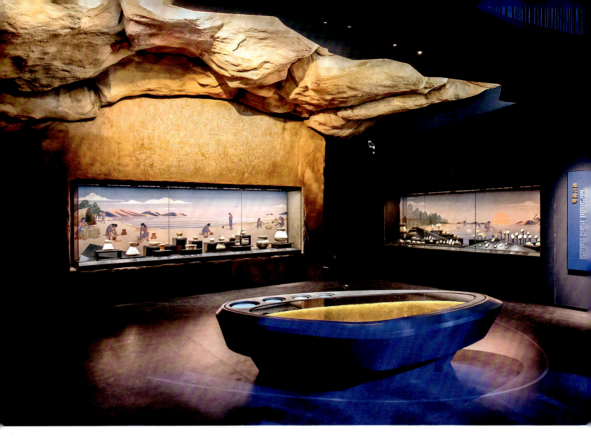

图2-2 "龙穴遗珍"展区

（二）安民易俗成村聚

由于建筑空间的设计，展览序厅和第一单元在一层，而第二单元至第五单元展示内容均在负一层展厅，并通过长长的楼梯连接在一起。我们在楼梯的侧面设置铁艺壁画，以康熙年间的《香山县图》为创作依据展示古代广州到香山石岐沿途的风景。由于视觉效果好，这里也成为观众的热门打卡点。

"安民易俗成村聚"这部分内容，我们没有以王朝更替作为展览讲述的逻辑，而是以香山地方开发作为明线，以香山社会如何一步步融入中国大一统作为暗线，揭开香山历史的面纱。

　　具体来讲，秦汉至隋唐时期，香山岛屿与陆地间的距离不断缩小。到了唐代，香山岛隶属东莞县，虽形成大大小小的村落，但总体上还是地广人稀。直到南宋，随着盐场、银矿、渔业的开发，香山外来移民逐渐增多。中央王朝对边远地区的控制往往是从银、盐等资源开采开始的。随着香山地区的发展，南宋绍兴二十二年（1152），香山人陈天觉通过东莞县令姚孝资向朝廷建议设立香山县，得到批准，为后来香山县的发展奠定了重要的基础。

　　明代初年，朝廷在香山要地设立卫所（卫所制是明朝的主要军事制度），收编本地居民入籍。今天的黄圃、小榄、古镇、沙溪等地在当时分布着多个卫所，"三分守城，七分屯田"，扩大了香山北部沙田开发的规模。在大开发的浪潮下，香山村落日渐密集。人们纷纷设立社坛，创建庙宇，组成乡村里社，守望相助，繁衍生息。

　　走过"仁厚坊"石闸门，观众进入村落场景。门旁的石碑、榕树、古井和蚝壳墙，这些都是香山地区传统乡村最常见的东西，它们向观众展示了当时人们的生活环境，体现出来的各种生活智慧。香山地区人口复杂，原住民和外来移民相互交流、融合，逐渐形成以粤方言、闽方言和客家方言为主体的方言岛现象。明代嘉靖年间（1522—1566），朝廷允许民间在宗族聚居地建立祠堂。从此，宗祠和家谱成为家族最重要的象征，逐渐出现"家必有谱，族必有祠"的局面。香山也由此进入建村聚族的旺盛时期，许多乡村纷纷立家庙、设私塾、置义田、修族谱。

　　展厅中间是一座清晚期的祠堂梁架（图2-3）。我们把整个梁架放到展厅中，做一个整体的呈现。祠堂中在檩条的下方，挂着"状元及第""经魁"等科举功名的牌匾，不仅用来展示家族的荣誉，更是要以此来激励子孙后代。

　　展柜中陈列的是香山县学宫于明清时期铸造的祭祀礼器（图2-4）。这些庄重古朴的礼器，反映了香山的官员和士大夫对儒家教化的重视。这些铜笾豆、酒器等文物充分反映了正统的儒家礼仪规范逐渐深入香山社会。明中期以后，香山书香世家涌现，子弟连登科甲，名儒辈出。展览主要展示他们的著作和书画作品，表达这一时期人才辈出的状况。

图2-3　祠堂展示空间（上）

图2-4　香山学宫祭祀礼器空间（下）

图2-5　沙田复原空间

在村落中，民居作为人们居住的场所，是非常重要的部分。我们通过展示"澳门联合造"款落地花罩、石湾窑"寿"字漏窗、传统桌椅等民居构件与陈设，呈现香山民居的特点和特色，反映当时香山人对美好生活的向往。

（三）渔户田庐水城国

千百年来，香山由海中孤岛演变成广阔平原，经历了沧海桑田的奇妙转变，这得益于数百年来广大香山人巧妙利用自然环境围海造田的不懈努力，可以说古代香山的发展就是一部沙田开发史（图2-5）。

我们通过沉浸式三维影像播放沙田形成的影片，讲述香山如何从原始的自然面貌，经过围垦沙田演变成今天的地理格局，帮助大家直观感受香山从岛屿到陆地的历史演变过程。

图2-6　水上人生活复原空间

千百年来珠江从上游带来大量泥沙，至出海口沉积，逐渐淤积成陆，形成珠江三角洲。香山沙田成陆的顺序大体自北向南、自西向东，先后形成小榄、古镇周边的西海十八沙，再是小榄水道以东地区的东海十六沙，最后才是南部地区磨刀门水道周边的沙区。可以说，香山地理的发展演变用"沧海桑田"一词来形容最为贴切。观众可以通过多媒体动态屏幕从宏观角度看到不同历史时期香山的地理面貌，随着北部冲积平原的形成，香山的陆地面积越来越大，从众多的岛屿逐渐转变为拥有广阔平原的地区。

香山的沙田虽自宋元就有所开发，但在明清时期才进入快速发展阶段，这主要和香山所处的地理位置有关。沙田的大规模开发为社会发展提供了丰富的土地资源，在这个基础上香山人口扩张、经济繁荣、新的村镇建立，形成了颇具地域特色的香山社会。

我们通过"再造历史现场"的形式具象化沙田的形成与变迁，并讲述了沙田开发中水上人家这群被历史遗忘的角色，把茅寮、稻田丰收、沙田形成通过不同形式直观呈现，让大家得以了解水上人的世界（图2-6）。

图2-7　船底艺术装置

（四）镜海扬帆立潮头

　　离开沙田展厅，大家进入一个顶部模拟巨大船底的艺术装置（图2-7）中。在这里，观众可以从立于海底的视角，感受16世纪"船来了"的冲击感。

　　我们以"十字门开"开篇，介绍香山独特的地理环境。这里位于珠江和南海交汇的珠江口海湾中央，也是华南地区的中心——广州进出海洋的门户。这里的人们向海而生，大海为他们提供了丰富的资源，各种各样的大小船只是这里最寻常的交通工具。尤其是15—16世纪，葡萄牙、西班牙等国家为了寻求与东方的贸易，开辟新的航路。位于南海之滨，又是广州进出海洋门户的澳门由此进入了葡萄牙人的视野。

　　对于香山县乃至广州府来说，澳门是非常重要的地方。因此，明朝和清朝政府在行政、军事、司法、贸易等方面对澳门进行了全方位的管治，先后设立了粤海关

图2-8　澳门风尚展示空间

关部行台、香山县丞、澳门同知等官署，加强对澳门的管理。

在广州－澳门的贸易体制下，澳门成为中西方贸易的重要港口，也成为双方文化交流的桥梁。从16世纪中期开始，各国陆续开辟了由广州经澳门通往东南亚、日本、欧洲、拉丁美洲、北美、俄罗斯、大洋洲的航线。通过这些航线，中国商品如丝绸、茶叶、瓷器、牙雕、木雕等源源不断输往欧美；很多原产于海外的物品也由此传入中国，同时西方的生活习惯、饮食习俗、建筑风格、语言、音乐等也传入澳门。中西方文明在澳门交汇融合，由此形成香山独特的地域文化（图2-8），并潜移默化着人们的日常生活、眼界格局和精神品格。在商品贸易和文化交流过程中，引水人、买办、通事等群体广泛地参与其中，并发挥着重要作用。

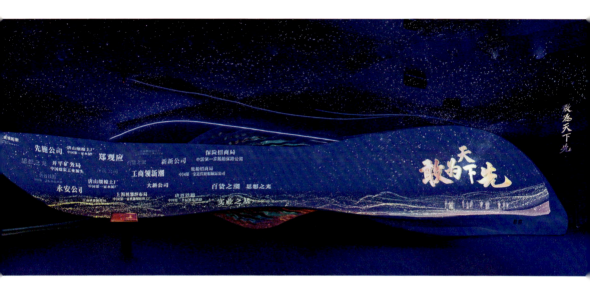

图2-9 "敢为天下先"展项空间

　　受长期通商影响，香山人素有外出经商和出洋谋生的传统。鸦片战争之后，既有数以万计的香山人走出国门开发当地，也有熟悉洋务的香山人到上海、天津、汉口等城市谋求发展。香山人长期与西方世界接触，思想比较开放，早期的留学生中有很多都是香山人。尤其是19世纪70年代，容闳推动的幼童留美拉开了中国公派留学生的序幕。他们学成回国后在中国近代社会发展中发挥了重要的作用。

　　为了进一步丰富展览形式，我们设置了"敢为天下先"的大展项（图2-9），用三分钟的短片高度概括了近代以来香山人在政治、经济、文化、教育等方面敢为天下先的精神气概。

　　随后我们分章节展示具体的内容。"救国争先锋"具体讲述鸦片战争后，中华民族内忧外患，以孙中山为代表的香山人为了振兴中华，革命救国的故事。他们前

图2-10   "文教开先声"展厅空间

仆后继地投入革命斗争中，为中国近代民族民主革命做出了巨大贡献。"革命探新路"讲述苏兆征、杨殷、杨匏安、林伟民等人探索革命新道路的故事。他们接受了共产主义思想，积极宣扬马克思主义，领导开展工人运动，在中国共产党领导的早期工人运动中发挥了重要作用，为民族独立和人民解放建立了卓越功勋。"文教开先声"（图2-10）讲述晚清民国时期，在中国社会从传统走向近代的过程中，走在时代前沿的香山人，如唐国安、钟荣光、郑锦、萧友梅、阮玲玉、吕文成、苏曼殊等人在教育、文化、艺术等领域勇于开拓、善于创新的开创性贡献。

图2-11　城乡新貌展厅

（五）近代中山开风气

　　晚清民国时期，香山拥有广阔的沙田，物产丰富，又毗邻港澳，交通便利，商业贸易也很繁荣。很多在外地事业有成或学有所成的香山人心系家乡的发展，把新的理念、技术和资金带回家乡，参与家乡的建设，逐渐把中山建成一座融汇中西的海滨城市（图2-11）。

　　在城市建设方面，从1921年起，县城石岐大规模拆城墙筑马路，城墙内外连成一片，并逐渐形成了岭南特色骑楼街。骑楼街是当年中山最繁华的街道，时至今日，在旧城区基本上还能看到它的风采。

　　民国时期石岐在水陆交通方面都比较发达。我们专门设置了水陆交通示意图，通过这个图大家可以直观地看到水陆交通的情况，比如岐关、谿叠、岐隆（隆镇）、岐环（东镇）等公路的开行情况，以及当时从中山开往香港、广州、江门、南海九江、佛山、西南（在今天佛山三水）、澳门等地渡船的开行情况。

图2-12　"照相馆"场景空间（上）

图2-13　"茶厅"场景空间（下）

图2-14 中山街景复原空间

　　当时的县城石岐逐渐发展成以商贸为核心的近现代城市。1908年归侨严迪光、蔡锦阶等集资在县城石岐北郊创设香山机器制砖有限公司，拉开香山现代工业的序幕。1912年，严迪光集资兴办迪光电力灯所，这是香山县内第一家发电厂。

　　为了让观众沉浸式地感受民国时期的中山，我们设置了商业街、"照相馆"（图2-12）"茶厅"（图2-13）"书店""银号"等场景，营造出亦真亦幻的情景，让观众可以近距离真切感受这些民国老字号的味道。

　　在设计民国街景时，考虑到目前还保留比较好的孙文西路骑楼街离博物馆场馆并不远，因此我们没有做比较有复原感的街景，而是通过白描手法结合灯光、音频的方式再现民国中山骑楼街的繁荣景象，并特意选取了具有代表性的中西大药局、杏仁饼铺、电话局等进行重点展示（图2-14）。

　　为了展示20世纪上半叶中山在中国共产党领导下的光荣历史，我们设置了"铿

图2-15　"铿锵历程——中国共产党在中山"展厅空间

铿历程——中国共产党在中山"展区（图2-15）。五四运动特别是中国共产党成立后，受孙中山革命思想影响的香山儿女，如苏兆征、杨殷、杨匏安、林伟民、阮章等，成为中国共产党在革命活动中的组织者和领导者。在中国共产党领导下，中山开展了轰轰烈烈的大革命运动。大革命失败后，面对当时的严峻形势，中国共产党中山地方组织严格执行上级指示，党组织活动转入地下状态，但仍坚持斗争，进行土地革命，红旗巍然不倒。1936年10月，中共中山县支部恢复重建，积极组织、发动群众宣传抗日，为建立抗日武装打下良好基础。

　　1938年秋冬，珠三角大半地区相继失守，中山处于四面包围、腹背受敌的危险境地。中共中山县委发动民众组织救亡团体，积极宣传中国共产党的抗日主张。1939 年 7 月、9 月，日军两次向中山横门沿岸进犯。中山军民英勇抗敌，合力击退日军，取得了两次横门保卫战的胜利，大大鼓舞了中山人民抗日的斗志和信心。

1940 年 3 月，日军攻占石岐，随后中山大部分地区沦陷。沦陷期间，日本侵略者的残酷压榨和迫害给中山人民的生命和财产都带来了巨大的创伤。1942 年，在中国共产党的安排下，在地方党组织和人民群众的支持下，建立了五桂山抗日根据地。1944 年 1 月，中山人民抗日义勇大队改编成立，下辖 12 个中队，共 350 多人，隶属南番中顺游击区指挥部。至 1944 年 10 月，义勇大队发展到 9 个中队 900 多人，开展了粉碎日伪"十路围攻"、夜袭翠微、出击淇澳岛、袭击横门伪江防基地、粉碎日军"四路围攻"等重大战斗。

1944 年 10 月 1 日，根据中共中央指示，中区纵队在五桂山古氏宗祠成立，共 2700 多人。后来，中区纵队主力挺进粤中后，根据斗争需要，分为两部分，留在珠江地区活动的称为广东人民抗日游击队珠江纵队，在粤中地区活动的称为广东人民抗日解放军。

1945 年 1 月 15 日，珠江纵队在中山公开宣布成立，领导中山军民奋起参加抗日救亡。由于中共领导的革命队伍和广大群众之间鱼水深情和血肉联系，在珠江纵队控制的地区，日军不能收军粮，伪军不能征税，土匪不能打家劫舍。人民群众把游击队当亲人，捐钱捐物，甚至甘冒生命危险，支援掩护游击队。在群众支援下，珠江纵队在中山取得了白石村防御战，抗击日、伪、顽军"五九扫荡"等重大战斗的胜利，保卫了中山敌后抗日根据地。

抗战胜利后，国民党发动内战。1945 年 10 月中山特派室成立，开始领导中山人民开展与国民党当局针锋相对的斗争。1949 年 9 月，中山特派室撤销，中国人民解放军粤赣湘边纵队中山独立团成立。10 月 30 日，中山独立团配合中国人民解放军两广纵队南下大军解放了中山。1950 年 12 月蚊尾洲岛解放，至此中山全境解放。中山人民在中国共产党的领导下，建立了人民民主政权，开启了历史新篇章。

二、沧海之阔

　　中山市是革命先行者孙中山先生的故乡，也是著名侨乡，约有 100 余万旅外乡亲分布在 100 多个国家和地区，华侨历史源远流长。广大中山华侨爱国爱乡，为祖国、为家乡建设发展贡献巨大，功不可没。为展现中山华侨艰苦创业、造福社会的家国情怀，中山市委、市政府决定建设中山华侨历史博物馆（以下简称华侨馆）。在广大华侨及社会人士的热心支持下，中山市博物馆从零藏品开始，先后征集到华侨历史文物资料共计 5000 余件（套），为华侨馆的建设奠定了重要基础。2018 年，华侨馆开始动工建设，经历了建筑施工、展陈设计、陈列布展等筹备环节后，终于在 2022 年 5 月 18 日正式对外开放。

　　华侨馆是中山市博物馆新馆建设的重要组成部分，地处中山老城区，文化底蕴浓厚，周围多是传统建筑。为了与周围环境融合共处，华侨馆的整个建筑体量并不大，场馆展厅面积只有 1000 平方米。不过我们充分利用了有限的空间。合理规划了流线布局，把整个展线扩展至 350 余米，展出文物实物资料多达 500 多件（套）。通过图片、文物、多媒体及艺术创作等多元展示形式，着重展现香山（中山）华侨的寰球视野、开拓创新精神、连通中外的独特贡献、爱国爱乡的家国情怀，以及积极参与推动构建人类命运共同体的历史。

　　观众走到中山市博物馆新馆南侧，就会看到一栋独立建筑门口的"中山华侨历史博物馆"，这些字是从孙中山先生的墨宝中辑录而成的。大门的右侧是一棵历经百年沧桑的鸡蛋花树，这种原产于美洲大陆的树种在中国大地上生根发芽，仿佛向世人诉说着海外华侨的风雨历程。大门的左侧是一棵孙中山先生从夏威夷带回家乡翠亨村栽种酸子树的培植树，如今正在茁壮成长，象征着中山华侨心系家园，与家乡人民根脉相连。进入序厅，展览标题为"沧海之阔——

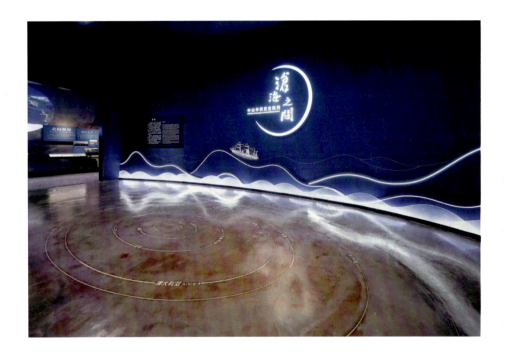

图2-16   "沧海之阔——中山华侨历史陈列"序厅

中山华侨历史陈列"，其中"沧海之阔"是孙中山先生的墨宝，也是他后来回忆描述1879年第一次出国的感受——"始见轮舟之奇、沧海之阔，自是有慕西学之心，穷天地之想"（图2-16）。我们希望借此来表达广大中山华侨勇敢走向世界谋求发展的心声，彰显中山华侨敢为天下先的视野与胸襟这一主题。整个展览分为"志在四方""寰球经营""凝聚族魂""命运与共""再造乡邦""美美与共"六个单元来展示中山华侨艰辛执着的奋斗历程和爱国爱乡的光荣传统。

（一）志在四方

16 世纪，地理大发现开启了大航海时代，加快了全球化的进程。香山下辖的澳门很快成为东西方贸易和文化交流的重要枢纽。香山人开始从澳门港出发前往海外。鸦片战争后，香港于 1842 年开埠。受世界工业革命和移民大潮的影响，香山人开始大规模结伴从香港出洋，谋求发展。近代香山人出洋的方式以乘船为主，我们在展览中模拟了船舱的场景（图 2-17），有不同时代不同款式的行李箱、船票、船期表以及望远镜、护照等。他们前往的主要区域有亚洲的马来西亚、新加坡，太平洋上的夏威夷，北美洲的加拿大、美国，拉丁美洲的秘鲁、古巴、墨西哥，大洋洲的澳大利亚等。香山人出洋的群体主要有华商、留学生和华工三类。当然，他们的身份并不是一成不变的，很多华工积累财富后也走向了经商之路，完成了华丽转身。

19 世纪下半叶，香山华侨在当地多从事淘金挖矿、农牧开发、蔗糖生产等工作。展览集中展示这三个产业，辅以当时的生产工具及杰出人物，如孙中山的大哥孙眉、糖业巨子杨著昆等，营造出早期华侨在外历经磨难求生存，逐渐致富谋发展的空间氛围（图 2-18）。

早期华侨在海外需面临语言障碍、文化习俗迥异、排华的压迫等困境，生存环境相对恶劣。曾为留美幼童，后在美国长期生活的香山石岐人李恩富于 1889 年演讲时发出"中国人必须留下"的呐喊。困境之中，香山（中山）籍外交官纷纷伸出援手。郑藻如、欧阳庚等积极调查华侨受到的不公待遇，采取措施维护华侨正当权益。

图2-17 "志在四方"展厅空间（上）
图2-18 "早期华侨所从事的生产活动"展厅空间（下）

图2-19　华侨从事行业展厅空间

（二）寰球经营

　　早期香山华侨在海外主要从事采矿、种植、餐饮、杂货等基础性行业的工作（图2-19）。19世纪后期，随着世界工业发展，人们对锡和橡胶的需求大增，马来半岛、东印度群岛等地的香山华侨积极参与锡矿开发和橡胶种植产业，为东南亚的开发作出了贡献。早期华侨在海外谋生多是依赖"三把刀"（菜刀、

剪刀、理发刀）行天下，中山华侨也不例外。中餐馆是广大华侨在海外谋生从事的首选职业，他们以中国菜为基础，融合当地的餐饮习惯，促使中餐逐渐成为当地颇受欢迎的特色餐饮。餐馆、茶楼不但是人们聚集休闲的好地方，还展现着中国文化的独特魅力。同时，我们还展出了剃刀、剪刀、缝纫机、中医药图书，这些都是华侨在海外拼搏以及吃苦耐劳的重要证物。

图2-20　唐人街艺术长卷空间

百货业是香山华侨创业最成功的领域之一。他们把握新机，率先创办百货公司和大型商贸公司，在全球各地采办最新商品，走在了时代和行业的前列。我们重点展示最早一批具有现代企业家精神的华商的打拼事迹，他们经营了如澳大利亚永生公司、永安公司，美国中兴公司等。这些华商企业做大做强后，把投资扩展到金融、航运等产业，成为在居住国乃至跨国经营的业界典范。

（三）凝聚族魂

中山华侨在异国他乡生活，为了求生存、谋发展，以地缘、亲缘为纽带，聚集而居形成唐人街。我们选取较为典型的旧金山唐人街为原型，通过艺术创作的形式勾画出唐人街上的标志性建筑，并将逢年过节时华侨在街上舞龙、舞狮及花车巡游的活动场面融入其中，再现唐人街上华侨生活的艺术长卷（图2-20）。

图2-21　海外华侨社团同心圆空间

　　华侨社团、华文学校和华文报刊被称为华侨社会的"三宝"。策展人重点以华侨社团为核心打造了同心圆空间（图2-21），筛选出华侨社团捐赠的100件文物资料，展示了中山华侨社团在世界各地的分布、成立、运作及活动等内容。其中同心圆空间上方的屋脊造型，其灵感来源于目前可知最早的中山华侨社团——马来西亚槟榔屿中山会馆的会所建筑，旨在表达中山华侨守望相助、团结一心的共同意识。华侨在国外生活沿用家乡文化与宗教信仰，延续传统习俗与公益慈善等来维系情谊。随着华侨民族意识的不断觉醒，中山华侨不再局限于血缘乡情，逐渐形成了爱国爱乡的国家观念。

　　华侨久居海外，一方面保留了家乡的传统习俗，另一方面也吸收了当地的习俗和文化，形成了华侨社会独具特色的生活方式。华文学校是传承中华优秀传统文化的集中地。华文报刊是了解家乡、祖籍国和获取时政、商业、社团等有关信息的主要媒介。我们在这一空间通过衣柜、橱窗、家庭生活光影投射等元素，展示了华侨在海外结婚时穿的裙褂和婚纱、结婚照及结婚证书；华侨在生活中用到的留声机、照相机、打字机；华侨学生所在学校的牌匾、学生课本、毕业证书等实物，营造出华侨生活场景。

（四）命运与共

近代以来，中山华侨与中华民族的前途命运紧密相连。1894 年甲午战争爆发后，以孙中山为首的革命先驱认识到改良的道路无法拯救中国，选择走向革命道路。作为孙中山同乡，香山华侨积极加入革命团体，设法筹措经费，宣传革命思想，甚至直接参加战斗支持孙中山领导的革命活动。我们知道有限的展厅无法将成千上万的香山华侨的画像一一呈现出来，所以选择用剪影层板画的艺术创作形式，以不同身份群体穿着如军装、西服、旗袍、学生装及工人装等不同服饰为特点，表达各行各业的香山华侨具有的那种坚定不移、救国救民的革命精神（图 2-22）。

正是在孙中山先生领导和影响下，广大香山华侨集聚在振兴中华旗帜之下，踊跃投身"航空救国"和"实业救国"的伟大实践。我们在展览中展出了香山华侨在航空领域较为杰出的代表如杨仙逸、张惠长、陈庆云及女飞行员朱慕菲等，并在空间上方悬挂了一架由"中国革命空军之父"杨仙逸在 1923 年主持设计、制造的"乐士文"号飞机模型，并用灯光烘托出飞机在空中飞翔的氛围。实业救国方面，我们考虑到中山市博物馆下属的香山商业文化博物馆展览中已经重点全面展示了先施、永安、大新、新新四大百货公司相关内容，为了避免雷同，

图2-22 "华侨为革命之母"空间

适当压缩了展示空间，并进一步侧重从华侨回国投身到实业救国方面的具体表现及提倡国货等方面加以阐释。

　　1931年九一八事变后，救亡图存成为海内外中华儿女的共同意志。1937年七七事变后，中国共产党领导开辟的敌后战场和国民党指挥的正面战场协力合作，形成了共同抗击日本侵略者的战略局面。广大中山侨胞从舆论声援、物资援助乃至亲身回国参与抗战，与祖国人民共御外敌、共纾国难，为抗战的最终胜利作出了不可磨灭的贡献。我们通过图片、文物等资料，以红色氛围作烘托，用事实一次次证明了华侨与中华民族同呼吸、共命运的家国情怀。

图2-23　近代民居厅堂场景

（五）再造乡邦

华侨身处异国他乡，心系桑梓故土。19世纪末20世纪初，随着西方建筑文化的普及，中山城乡地区普遍呈现出中式"大屋"、西式"洋楼"、坚固的碉楼等民居建筑风貌。这些民居的外观虽多有不同，但其内部厅堂还是以中式为主。因此，我们复原了当时民居中的厅堂场景（图2-23），从入口的趟栊门到门窗、屏风、花板等，都蕴含着浓厚的侨乡地域特色。同时，我们在四周环绕设置了6个精品展柜，展示了很多中山华侨从国外带回的物品，如温湿度计、西洋钟、烟酒用品、外国瓷器等实物，表达华侨将国外的器物、技术、文化带回家乡，将中国文化传播至海外，既促进了中外文化交流，又使中山成为与世界接轨较早地区的这一主题。

在厅堂场景的后方，我们设置了华侨家庭生活用品的集中展示区。这里有

图2-24　家书空间

华侨回乡携带的行李箱（又称金山箱）、回乡买田盖屋置办产业的契约文书，等等，它们无不诉说着华侨衣锦还乡、回乡盖房、改善侨眷生活的动人故事。这里有华侨回乡订婚的坤书、结婚证、结婚合影、结婚开支簿，男子结婚时悬挂山墙的"字架"匾，讲述着华侨回乡娶亲的传统习俗。这里还有侨眷妇女在家中生活用到的洗手盆、梳妆台、化妆品及食盒等，并营造出一位背着小孩的母亲在缝纫机前裁衣服的情景，无声地传递出这些妇女留守在家敬老爱幼的伟大。

　　侨汇是侨眷生活的主要依靠，也是侨乡各项建设的重要资金来源。中山华侨一般通过同乡亲友捎带或金山箱把银信转到侨眷手中，很多侨眷当时并不识字，需要委托人代写家书互通消息。我们选择展出华侨寄钱回家的汇票，寄给父母、妻子、亲友及经商伙伴等不同身份不同主题内容的书信，用一封封家书来表达他们血浓于水的家庭观念。他们用一批批汇款来支持家乡的经济建设，促进了侨乡的社会发展。同时，我们利用投影、垂帘、中西式桌椅，在一侧模拟华侨在桌前写信的场景，另一侧用多媒体展示"家书抵万金"和"写信不求人"的内容，营造出海外华侨与家乡妻子隔空写信、读信的空间（图2-24）。

无论是在晚清民国还是新中国成立后，中山华侨怀着振兴家乡的心愿，纷纷捐资兴办教育，改善医疗卫生、文化、休闲条件等公益事业。我们重点展示了吴桂显捐建学校、萧悔尘筹资兴建侨立中山公医院等内容。

（六）美美与共

随着世界形势变化，华人华侨逐渐成为居住国发展的重要参与者、受益者与贡献者。20世纪50年代以来，中山华人华侨在居住国落地生根，安居乐业，在政治、经济、科技、文化等各领域取得了令人瞩目的成就，为促进居住国的多元文化发展作出了贡献。我们选取了在各个领域较为杰出的华侨代表，用他们的图片、实物叙述他们的人生故事（图2-25），并设置了查询屏让观众自由选择观看《海外中山人》大型纪录片。此外，我们还重点展示了澳大利亚阮霭培家族的一件龙凤茶具，讲述这件茶具在他们家族代代相传的感人事迹；展示巴拿马陈氏家族为当地华侨社会服务数十年的无私奉献精神；展示孙中山家族后人长期使用的一套瓷器餐具。

在中国人的思想里，"根"是故土，是难以割舍的情怀。华人华侨身在海外，心念故土。改革开放以来，他们通过各种方式开展寻根之旅、拓宽恳亲之路，密切了与家乡的联系，增强了海内外中山人的凝聚力和向心力。多年以来中山市侨务部门一直在为海外乡亲"寻根"提供帮助，见证过许多华人华侨找到故乡、重见亲人的喜悦。为了进一步拓展展示内容，我们设置了"中山侨务大事记"查询屏，内置了1949年新中国成立以来的中山侨务及侨联联谊侨眷的大事，让观众查阅。

图2-25 "美美与共"展示空间

　　华人华侨是新时代构建人类命运共同体的重要力量。我们用世界中山华人华侨分布示意图来表达分布在世界各地的中山华人华侨也是人类命运共同体的参与者、推动者和贡献者。他们积极融入当地，为居住国的建设发展贡献智慧和力量，并积极参与共建"一带一路"，全力推动人类命运共同体的构建，为创造全人类更加美好的未来而努力奋斗。

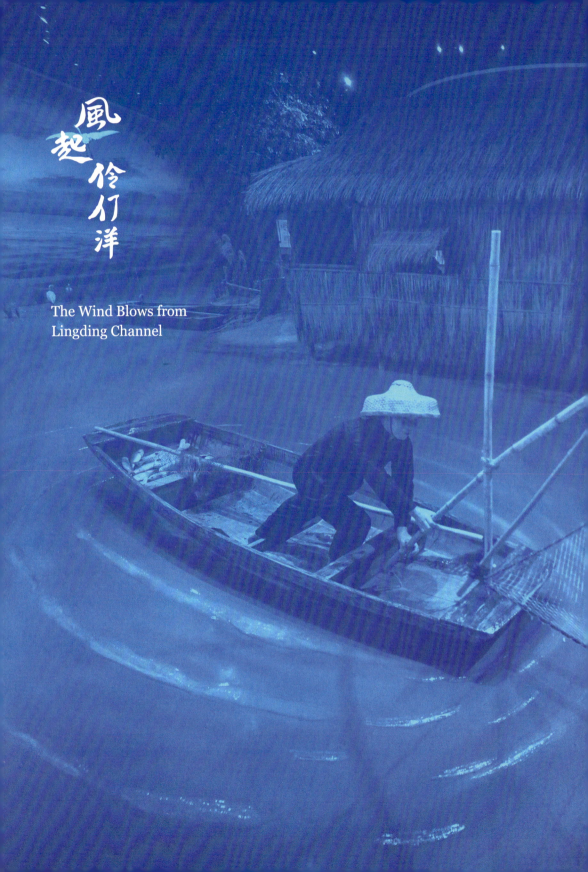

風起伶仃洋

The Wind Blows from
Lingding Channel

策 展

一场重学术、重情感、重体验的在地展览

一、内容构想

（一）如何组建策展团队？

2005 年，中山市博物馆新馆启动筹备。如何策划一个有中山地方特色的地方历史陈列，成为各级领导和博物馆班子的心头大事。当时，我们虽然已经有些策划专题展览的经验，但若想系统展现中山的历史，仅凭馆内的研究力量，按照常规做一个中规中矩的地方历史陈列兴许可以，但若想做好、做出特色，无论是研究深度还是视野广度，显然都是不足的。因此，引智成为当时的必然选择。

如何引？引入谁呢？经过一番调研，我们了解到很多馆的基本陈列都有自己的策展方式。有的博物馆以馆内的研究力量为主，邀请一些专家学者作为顾问；有的博物馆步伐迈得比较大，引入一个强大的策展团队，馆方只负责提供藏品清单，其他的就不管了。从效果看，不管哪一种方式，都有做得好的，也有做得不够好的，并没有哪种方式特别有效，还得根据自己的情况来决定。我们想，如果只是聘请专家作为顾问，那专家主要的作用就是当当参谋，介入的程度势必不深；如果引入团队之后袖手不管，省事倒是省事了，但最终的质量难以把控暂且不说，把展陈的话语权拱手相让那是必然的，更没办法通过展览策划锻炼博物馆自身的业务队伍，提高研究能力和专业水平。经过多方考量，我们选择了相对折中的办法，于 2008 年邀请时任中山大学历史人类学研究中心主任、中国社会史学会副会长刘志伟教授担任基本陈列的总策划，领导开展中山历史文化资源调查以及中山历史陈列大纲的撰写工作，同时也从馆内选调业务骨干参与策展工作，形成了"高校专家学术引领＋馆方人员深化实施"的策展团队组建模式。这在宏观上既能充分发挥高校专家深入的专业研究和宽广的学术视野的优势，也能在微观上发挥馆里研究人员对具体内容、藏品信息和展示手法比较熟悉的优势。我们相信，这样的策展团队有助于策划出一个好的展览。

（二）地方历史从何说起？

一个地方的历史故事到底从什么时候说起，这个问题看似应当由当地的历史决定，但有时候并非完全如此，人们对当地历史的认识也是很重要的因素。比如说在中山市，以前由于没有一座系统讲述地方历史的博物馆，很多本地人对于中山的历史到底有多长其实是模糊的，有些稍微对历史有些认识的则往往会说，中山有870多年的历史了。"870多年"这个时间是从中山市的前身香山县建县开始算起的，但通过考古发掘的出土文物，我们现在已经知道中山地区的人类文明发展史已经有5000多年了。那这5000多年的历史，可以从哪里说起呢？

1.从自然地理的变迁说起

在古代，中山被称为香山，作为远离中原王朝的海中孤岛，"其地最狭，其民最贫"，直至南宋年间才成为中原王朝的一座 "下县"，这是由其自然地理环境决定的。在新石器时代，古珠江口岛屿星罗棋布。今中山五桂山、竹嵩山，珠海凤凰山山脉及周围相连的丘陵在当时是其中较大的岛屿，古代先民多在这些岛屿周边的海湾沙堤生活。不同于中原王朝诸多城市的形成发展过程，中山由海中群岛经过漫长的地理变迁发展而来，可谓海上浮生的城市。就算对比沿海一带城市的发展历史，中山的这种情况也不多见。我们在历史基本陈列的序厅和第一单元内容中就强调了这种自然地理环境。序厅和第一单元巧妙地在第一展厅进行了融合，其中序厅

图3-1　"风起伶仃洋"序厅

主要用"环幕艺术装置 + 艺术沙盘 + 舞美灯光组合"的场景来呈现展览主题(图3-1)。空间上部环幕影像呈现明月当空的氛围，顶部则用多条 LED 灯带营造繁星满天的效果，地面设置海岛沙盘，搭配水纹灯，并设有日常烟雾喷发装置，展现古代香山水汽朦胧的氛围，加强"海上香山"视觉效果。

　　"风起伶仃洋——中山历史陈列"第一单元"海上香山蛮烟雨"开篇即为公众呈现一幅"香山先秦主要遗址分布图"，看似平淡无奇，实则饱含了策展人员的劳动和心思。先秦时期的准确详细地图在全国来说实难寻觅，何况香山这一祖国边疆偏隅。我们在《珠江三角洲形成发育演变》一书中找到一幅新石器时代珠江三角洲成沙范围示意图，其虽然为手绘，但倾注着作者的不少心血。在这幅示意图中，新石器时代的香山岛屿星罗棋布，最大的岛屿五桂山浮于古珠江口的大海上，境内包括现中山市、珠海市和澳门特别行政区。我们以此示意图为底图，将香山范围通过多层凸起的材料做成立体地形，同时用深浅不同的蓝色进行标识，并在海岛滨海之地标注考古发现的文化遗址点。此图表面看是文化遗址的分布示意图，实则是向观众传达：新石器时代的香山只是一群岛屿，先民们均生活在海岛上的海湾和滨海沙丘上，这样的生活环境造就了香山海洋文化的萌芽。它既呼应了序厅海上明月星辰的整体氛围，也紧扣了展览主题，还能引带出基本陈列后面部分的内容。示意图上原位于滨海之地的文化遗址，如今大多位于乡间田野，更有甚者地处城中央，其发现的地点就已间接证明了中山城市的地理环境变迁历史。

　　反映自然地理环境变迁最直接的证据莫过于中山境内发现的海蚀遗址。海蚀遗址是岩石海岸在海浪作用下不断地被侵蚀，发育出各种海蚀地貌，随着海岸线的后退而形成的自然遗址。由于中山古代为海中群岛，在地理环境变迁后，自然留下的海蚀遗址也不少，包括保存较好的黄圃镇鳌山村石岭山海蚀遗址和沙溪镇圣狮村狮山海蚀遗址，另外在坦洲镇等地也发现有海蚀遗址。据地质学家考证，石岭山海蚀遗址和狮山海蚀遗址形成于晚全新世之前海侵时的古珠江口海湾中岛屿时期，由海浪长期侵蚀海岸而成，现留存海蚀穴、海蚀崖、海蚀平台等地貌。可以说，海蚀遗址的存在，见证了中山由孤悬于海上的众多岛屿慢慢发展为山脉丘陵与平原沙田连为一体的现代地理格局的形成过程。我们多次去石岭山海蚀遗址和狮山海蚀遗址进行实地考察、拍照，并查找相关专业图书，最后将中山重大的自然地理变迁通过通俗易懂的图文内容真实地呈现在观众面前。这些自然遗址虽然没有人文因素，但它们能让观众对中山的城市形成和发展有一个最直接的认识，对其进行特别展示的目的也就达到了。

2.从考古出土的文物说起

前文提到中山历史悠久，空口无凭，即要拿出证据来。这时，考古工作成果的重要性就凸显出来了。经过文博工作者们的辛勤劳动，在香山境内发现有多处文化遗址，现中山境内发现的先秦遗址就有 10 余处，出土了较多的石器、陶器和少量的青铜器等。如何对其进行陈列展示和诠释，需要策展人员下功夫进行调查和研究。展柜里除了摆放出土文物，背景墙上还需配合适当的图文介绍。经过查阅资料进行研究，确定最终的版面展示内容，包括石器加工过程，出土陶器纹饰特点，先民们的经济生活方式和聚落特点，等等。

在中山境内出土的新石器时代文物以南朗街道龙穴遗址出土的为最多，故在展厅中特别设置了"龙穴遗珍"专题，共有两个长通柜展示文物，我们将其分别用来展示生产工具类和生活用具类文物。生产工具类有石斧、石锛、石凿、石球、砍砸器、刮削器等，生活用具类有陶釜、陶罐、彩陶盘、彩陶豆、彩陶碗等。其中，彩陶器的出现年代较早，它的年代可直接证明中山历史到底有多少年。所以在此展项，我们不仅仅是展示文物本身，重点还要讲述文物背后的故事，包括文物年代、文化特点、文化性质，等等。以圈足彩陶盘为典型代表的彩陶器，连同夹砂绳纹陶釜、石斧、石锛等器物组合在环珠江口的彩陶遗址中普遍存在，这样对我们确定中山出土的彩陶器年代具有重要的参考价值。我们通过查阅相关文献资料和对文物本身进行研究后认为，中山的彩陶遗址不应

图3-2 依据实地考察创作的背景插画

只是先民季节性居住营地，定居于此的人们以渔猎和采集为主的生计方式生活着。他们靠海结网捕鱼虾蟹，捞牡蛎等贝类，依山采收野果，挖掘植物根茎，过着分工合作的群居生活。尽管需面对恶劣的自然环境，但先民们逐渐适应了这种生活环境，并创造了"富裕的食物采集文化"。根据环珠江口新石器时代彩陶遗址的发掘状况和测年数据，我们将中山出土彩陶的年代归入新石器时代晚期早段，绝对年代均在约距今 7000—5000 年，也就是说中山的历史至少有 5000 多年。

在"龙穴遗珍"两个通柜里有两幅背景画需要创作，我们调查了国内其他博物馆在展示类似先秦历史内容时的做法，认为要做出不一样的东西来。通过和展陈设计人员沟通，决定采取背景插画的形式（图3-2）。内容分别为生产和生活两方面，同时跟展柜里展示的文物类别相契合。生产画面对应的几乎都是石器类生产工具，生活画面对应的都是陶器类生活器物。在插画创作中，我们还有一点小巧思。生产画面是日出时分，先民们在打鱼和狩猎的场景；生活画面则是日落黄昏时，先民们在加工食物和煮食的场景。这些都不是凭空想象出来的。通过出土的石网坠、石球、石矛、尖状器等的研究，可以证明那时生活在香山这片土地上的先民，主要从事的就是渔猎。对于生活画面中的日落方位、沙滩起伏高低，都是去海边进行了实地考察而来的。

在生活陶器展柜上方，我们设计了一个岩画的场景。除了岩石造型不同外，石刻画面几乎做到与真的一样。实物是什么？它在哪里？其实在最初编写陈列大纲的时候就已经引起了我们的极大兴趣。通过查阅相关著作和文献得知，香山先民在远古时期就已经懂得制作舟楫并出海。例如《珠海考古发现与研究》中提到，在珠海高栏岛宝镜湾发现了摩崖石刻岩画，画面中有清晰的舟船和人物等形象，此即为重要证据。制作舟楫、出海正是香山海洋文化的重要内容，除了前文提到的人们的依海而生，还有向海而往。这幅岩画从一开始就是我们计划要展现的内容。在 2021 年 9 月 8 日，一个晴热的日子，策展和展陈设计人员一行 8 人，从中山赶赴珠海高栏岛宝镜湾，爬上老鹰山半坡，顺利找到摩崖石刻——宝镜湾岩画。心心念念了很久的宝镜湾岩画，终于真实地呈现在我们眼前。尽管在著作文献上已经看到过相关图片，但真真切切的文物展现在眼前，我们仍然不由自主地激动起来。拍照，测量，详细记录后，成竹在胸。2022 年 5 月 18 日，它的仿真场景便出现在观众面前，虽然没有文字说明，但逼真的岩画已经传达给观众香山先民海洋生活的生动画面。

（三）如何打破王朝叙事框架？

很多地方历史陈列都把地方历史放到国家历史的叙事框架下，按照历史分期和朝代来编排地方的内容。这种叙事模式的展览多了以后，容易造成观众看展都"似曾相识"，特别是古代历史以文物展示为主的这部分，除了地点不同，内容和文物都很相似。近年来，一些地方博物馆开始尝试打破这种叙事模式。策展开始后，我们也不得不面临这一问题。我们从历史人类学的视角出发，把人作为叙事主体，分专题讲述各个人群的故事。在古代历史部分，我们着眼于香山地方历史与国家历史的互动，从本地人的生活去反映国家的宏大历史进程。

1.本地化视角的地方历史叙事

中国古代的地方历史，尤其是远离中原王朝政治中心的地方，通常讲述如何从化外之地变成文明教化浸润的地方，乃至孕育杰出人物，香山也不例外。不过对于香山而言，宋代以前的一千多年里，香山"籍籍无名"。在王朝时代，地方的价值取决于为中央贡献劳动力及土特产的能力。正因如此，北宋《元丰九域志》记载有位于香山的盐场和银场。[1] 展览中"山海之利"呈现"金斗盐场和香山崖银场"使人们认识到香山兴起的最初动力。《宋会要辑稿·方域七》云："绍兴二十二年九月十五日，诏升广州香山镇为香山县，从本路诸司请也。"[2] 南宋年间香山市场繁荣，人口增长，朝廷将其升格为县。从"山海之利"到"香山立县"，展览都配以相应的本地出土文物作为展示，表明香山已经进入文明时代。同时"香山立县"展示的文物明显比"山海之利"文物精美，这告诉人们人类文明在香山正不断向前发展。然而尽管历史长河已经到了宋元时期，相比于广州府其他县，香山仍然处在较低的水平，史籍中关于香山的记载仍然模糊。直至明代以后，香山的轮廓才终于清晰，经济社会迎来了前所未有的高速发展。我们决定放弃平均用力、面面俱到的叙事方式，重点呈现明清时期的香山，明以前香山历史按时间线做简要介绍。

那么明清时期香山飞速发展的动力是什么呢？通常以为，宋代以后中原人口南迁，带来了先进的中原文化、生产技术，促进了岭南这片"蛮荒之地"的政治经济文化发展，把岭南改造成了同中原一样的地方，即完成了岭南的"汉化"。然而历史人类学的研究表明，明王朝将国家秩序框定到香山以后，土生土长的香山人并非被动而是积极主动地实施一系列做法，包括"证明自己的中原血统、建立地域性宗族、合法地占有土地、通过科举获取功名"〔3〕等。这一系列符合士大夫价值观的做法主观上是在地区大开发的背景下，香山人为谋求政治经济利益而采取的手段，但在客观上推动香山完成了儒家礼仪秩序的塑造。因此展览第二单元重点呈现明代以后本地人如何在王朝开发的大背景下，不断聚成村落、生息繁衍、文明教化的历史。

香山古为百越之地，海洋文化浓厚，以海为生、以船为家。西汉《淮南子·原道训》曰："九嶷之南，陆事寡而水事众。"〔4〕直至明代，黄佐在《广东通志》中还写道："蜑户者，以舟为宅，捕鱼为业，或编篷濒水而居。"〔5〕明王朝征服岭南，认为蜑民流动性大，难于管理。洪武年间"命南雄侯赵庸籍广州蜑户万人为水军，时蜑人附海岛，无定居，或为寇盗，故籍而用之"〔6〕。正是"籍蜑为军"政策，香山百姓大规模从逋逃蜑户，成为固定在土地上的王朝编户，并进行屯垦，香山的村落由此大规模涌现。实际上无论是族谱还是地方志，都表明香山很多村落是在明代开村的。展览中通过展示税亩册、有户籍记载的进士题名碑录、宗族在香山开村的族谱记载等文献，揭示香山人在国家政策下定居成村，开发沙田，促进香山经济社会大开发。军户捐舍给庙宇的明成化十五年蒲牢钮铁钟（图3-3）、重修武帝庙碑记见证着三卫十八所在榄都屯田开发的历史，香山县令发布的关于小榄屯涌的告示碑记则是香山因沙田开发而充满经济活力的直接物证。

图3-3　明成化十五年蒲牢钮铁钟

　　明代士大夫群体热衷于践行宋儒倡导的宗族建设，受此影响，明代前期香山已有地方士绅致力于宗族建设。宗族对于大部分人来说熟悉而又陌生。每个人都拥有姓氏但却不是所有人都见过围绕姓氏建立的祠堂或者编修的族谱，更不用说对族谱、祠堂等的理解。通过展示刘氏重修陪祀碑文、"蒙猗赵氏书室"石匾、容氏族谱"建立蒸尝记"、安生围册全图等，我们试图向人们展示香山人如何进行宗族建设，正如《圣谕广训》所言："立家庙以荐蒸尝，设家塾以课子弟，置义田以赡贫乏，修族谱以联疏远。"在这几项中，最重要的当数家庙，即祠堂的修建。祠堂是宗族的象征，将精神寄托和实际功用融为一体。通过祠堂的外观及内设可以了解一个宗族在乡村中的影响力与社会地位。展览中如何呈现祠堂？有的地方陈列中搭建了祠堂的前座来展示，这种做法传递的信息很明确，告诉人们这就是祠堂的样子。但观众往往能够在路边看到祠堂的前座长什么样，并不稀奇。人们更希望看到并不常见的祠堂内部。为详细了解祠堂布局、内饰及功用，我们对市内祠堂进行了大规模田野调查。我们了解到，祠堂的中堂通常比较开阔，装饰最为考究，是祠堂扮演其功能最重要的场所。于是我们将几年前一座废弃祠堂的基础结构重新利用，作为祠堂中堂场景的部分再现。祠堂梁架本身即是展品，从柱础石到木柱再到木柱上的梁架都是原汁原味的原有祠堂结构材料。与此同时，在这搭建起来的空间内展示香山县内征集到的功名牌匾，让观众明白，在祠堂内展示族人的功名不仅光宗耀祖，更加激励后人追踪前贤。我们会发现，古人的教化从来都不是停留在口头上，而是体现在实际生活的方方面面、点点滴滴。正是这些无处不在的深入人心的教化，使我们华夏成为礼仪之邦。我们希望宗族内涵能够通过这些立体的展示得到更"立体"的传递。

　　需要指出的是，宗族建设不仅是士绅的情感与价值追求，更有着现实的考量。在香山地区经济社会快速开发过程中，能否拥有"祖先的权力"，对于宗族在经济利益、地方影响力等方面起着至关重要的作用。所谓"祖先的权力"，即是指通过证明祖先早已在香山定居，进而获得开发田地的权力，拥有参加科举考试的资格等。"祖先的权力"如何获得？设立祭祀着三代以上祖先的祠堂，编修记录远代世系的族谱，族谱记载了祖先南迁的历程，而家族中若有人考取了功名就更加稳固宗族在地方的影响力。当然实际社会中情形更为复杂，在此就不做阐述了。

　　随着士大夫阶层群体的扩大，他们更有意愿在地方推行儒家礼仪教化，特别是在"巫鬼"之风盛行的岭南，明中期广东提学副使魏校在岭南毁"淫祠"，兴儒学，大量不被官方认可的神祠被尽数摧毁或改成书院或社学。展览中一组

明代铜笾豆刻的铭文"嘉靖贰年秋香山教谕颜阶奉提学副使魏命造"，见证着这段
轰轰烈烈的历史。而展览中其他造型精美、用料考究的学宫祭祀礼器也在向观众述
说着明清时期香山县文教昌明、弦诵之声遍于四野的过去。渐成规模的香山士大夫
群体在儒学、文学、科举功名等领域有不断的突破，如：香山人黄佐饱读诗书，自
成一派，与王阳明数相辩难，不分伯仲；黄培芳、鲍俊、蒋莲等在岭南文学艺术领
域各领风骚，何吾驺、李孙宸、曾望颜、黄槐森等在明清政坛别具影响力。展览中
原汁原味展示了他们的著作、金榜、墓志铭等相关实物。

　　总而言之，古代香山的展览重点呈现的是香山人在地方大开发的背景下，落户
定居、发展经济、追求儒家礼仪教化的历史。香山人为第一视角，王朝国家作为背
景出现。虽然是地方史，但跳脱了国家史叙事地方化的窠臼。

2.用民俗文物讲述地方历史

　　在以王朝史角度叙事的展览中，重要人物、重大历史事件往往是古代历史展览
的主角，再配以相应的文物。不过这些人物以及事件如此聚焦，相关文物则凤毛麟
角，可遇而不可求，以致宏大叙事往往缺乏实物支撑，或者文物与主题疏离。展览
第二单元以本地人为第一视角，以往不入"法眼"的大量民俗文物被赋予了新的生
命力。在展览第二单元，我们大量展出民俗文物，但讲述的并不是民风民俗，而是
地方历史。

　　第二单元子标题"屯田安民"展示的主题是明王朝将香山岛民编入军籍，进行
屯田开垦，受此推动，香山农业经济繁荣，村落日渐密集。其中屯田区域主要集中
在香山县北部小榄、黄圃等地。因而与户籍、屯田、开村、经济繁荣有关的展品才
符合主题。展览呈现的展品是《明成化丙戌科进士题名碑录》、香山县谷都二图捌
甲新户卢鉴元税亩册、《香山县乡土志·氏族》、《前陇乡张氏次房彦从祖之谱》、
清宣统元年香山县小黄圃巡检司铜印、清乾隆五十三年小榄任官所屯涌告示碑记、
清乾隆三十八年重修武帝庙碑记拓片、明成化十五年蒲牢钮铁钟以及明制式宝瓶节

铁破甲锥等。《明成化丙戌科进士题名碑录》是一份考中进士的名单，名单中的马駧，为古镇人，香山县军籍。税亩册是百姓留存的田地所有权及纳税凭据，与之相对应的是人们熟知的鱼鳞图册。《香山县乡土志·氏族》记录了香山县诸多姓氏落户定籍的历史。《前陇乡张氏次房彦从祖之谱》告诉人们中山市一个叫张家边的村子的来历。小黄圃巡检司铜印与小榄任官所屯涌告示碑记传达的信息是屯田开发促进了香山北部经济社会的发展，出现了越来越多的经济纠纷，同时社会治安也得到加强。武帝庙碑记、蒲牢钮铁钟以及兵器则是明代卫所在香山招徕百姓屯田开发的见证。明代榄都三卫十八所均建有武帝庙作为卫所百户的办公场所，展出的武帝庙碑记为陈宪所武帝庙；任官所屯涌告示碑记则属于任官所范围；蒲牢钮铁钟刻有铭文"广州右卫前所信官孟清发心喜舍 洪钟一口在于灵祐堂供养佛山堡何钗铸 成化十五年吉日舍"。

上述文物中，蒲牢钮铁钟、武帝庙碑记、族谱、"氏族志"、税亩册等几乎都属于民俗主题文物，它们在展览中告诉我们的是明清时期卫所屯田开发香山的历史。这些民俗文物常常能够在中山村落中发现，当本地市民走进博物馆看到这些并不陌生的展品时，或许会恍然大悟，引起共鸣。

展览第二单元"民物殷繁"主题，展示的是村落人烟逐渐稠密，其核心文物是明弘治三年南阳庙碑（图 3-4）。碑文记载，从明代永乐至弘治年间，耆老与庙祝主持村内南阳庙维护与修缮，以及修路凿井等村落事务。通过这块碑我们试图传递宗族社会形成之前的乡村社会状态。根据历史人类学的研究并结合对香山社会的实地调查，人们在一个地方定居首先会立一个社，即开村立社，祈求社公保佑村民。起初社公的形态非常简陋，一件样式奇特有"灵性"的石头即作为社公；随着人们生活的逐渐安稳，社公上会加盖非常小的"房子"；村落的不断繁衍，村民再次将社公的"房子"升级为庙宇，这就是村里的祖庙，随之而来则是越来越多的神庙出现，不过祖庙是唯一的。庙宇是村落公共生活的中心，管理庙宇的人往往德高望重并且有着较高的话语权。展览中南阳庙碑

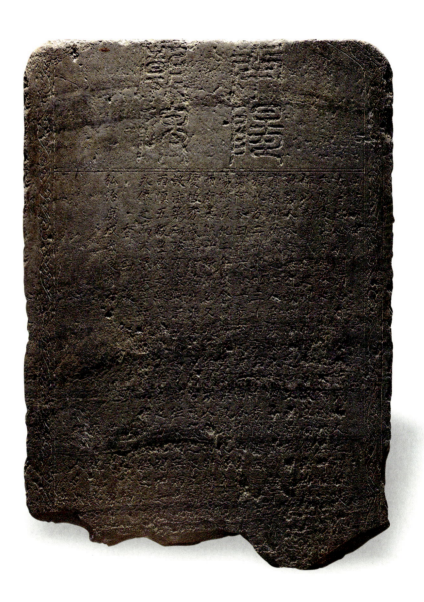

图3-4　明弘治三年南阳庙碑

就记载了耆老与庙祝主持村落公共事务的情形。配套展示的还包括"赵元帅"铭石香炉、港口天后庙较合司码铁权等，表明神庙的多样以及围绕庙宇形成了庙会及市场。这一展项与随后的宗族主题展项仅一墙之隔，告诉人们宗族社会的即将到来。

展览中最大的民俗文物当数祠堂建筑构件了，它代表着香山社会最明显的特征。明中期以后，朝廷对只有品官之家才能建祠立庙的做法终于改变，建祠立庙对民间放开。明中期以后士大夫在地方上大力推广儒家礼仪，许多乡村纷纷编修族谱，建立祠堂，设置义田，聚族而居。这一历史过程塑造了今天为人们所知的传统宗族社会。中山大部分村落中能看见祠堂。除人们熟知的祠堂、族谱以外，各种名目的族产也是非常重要的，它是宗族赖以维持的基础。展览中重修陪祀碑文、安生围册全图、林丛桂堂春秋祭会芳名章程部、吴福善尝墓祭会部、广东省财政厅发给李东月和李月溪祖的验契证据等民俗文物，都发挥着族产的作用。重修陪祀碑文记载了清乾隆年间，山谿角刘氏集资修缮位于石岐城内的祠堂之事。各房子弟通过捐助红金获得将各自木主牌入祠陪祀的资格。通过集资，祠堂得以修缮，还有余资增购祀田。宗族通常以先祖名义成立墓祭会，墓祭会通过筹集资金，买田置地，殖产生息，不仅筹集到了墓祭费用，每年还有盈余分红给入会族人。展览中吴福善尝墓祭会部就是中山库充吴氏福善堂墓祭会发给族人的凭部，作为派发红利的依据。这些展品告诉人们宗族的维系和壮大有赖于宗族成员集腋成裘将宗族赖以维持的经济利益不断扩大。

展览第二单元最后一节"香邑人家"展出的是家具等厅堂装饰物品，例如福庆连绵纹座椅、寿字漏窗、落地花罩、彩玻屏风等。这些看似单纯展示民俗的物品，虽没有较多的历史背景介绍，但是放到展厅空间中，它们出现在文风鼎盛之后，与文人吟诗唱和的菊花会主题相邻，整体给人们传递的信息是明清时期香山文人士大夫对精神生活的追求。文人交游与精致家具相映成趣，相得益彰。

3.解读地方历史记忆

当我们决定策划历史陈列时，两个问题一直萦绕在我们脑海里：哪些才是本地人的共同记忆？这些记忆在展览中如何呈现才不会被本地人认为是陌生的？为此，策展团队进行了长期而又深入的社会调查。虽然经过几十年经济的高速发展，中山村落大体仍保留着以往的格局，村落中的一些景观自始至终扮演着本来的角色。中山的村落有些共同的特点，大都分布在山脚下，村口都有道闸门，连接闸门有些还残存护村墙，村口大榕树下坐落着社公庙宇。从闸门延伸进村子里的道路一般铺有石板路。祠堂、庙宇和民居分布在村子里。在祠堂、庙宇中活动的以老人为主，他们讲述着跟族谱记载差不多的先祖记忆，宋代从南雄珠玑巷南迁至珠三角，最后定居香山。祠堂里除挂着先祖的画像之外，有的也挂着进士等功名匾或者诰敕，祠堂前的广场竖立着旗杆夹石，上面刻着科举功名的信息。在不同的镇区，人们的方言各具特色，石岐话、客家话、隆都话等多种方言分布在特定的区域。小榄镇民众最津津乐道的则是菊花会，骨子里透露出作为小榄人的自豪感。关于中山城市的历史，人们或多或少会讲出关于铁城的"称土"传说。上述记忆碎片呈现了香山社会历史发展的不同切面，值得我们在展览中认真对待。

结合文献资料与实地调查，第二单元试图呈现人们记忆中的香山村落。闸门、大榕树、水井、石板路、蚝壳墙、石敢当、旗杆夹石等元素在展览空间中是有序呈现的。这些元素除大榕树之外，都是就地取材，从村镇中征集回来，原汁原味在展览中呈现。虽然这些元素只是在展览中起着整体空间的氛围营造的作用，但是给人的亲切感油然而生。其中闸门场景的用料颇为讲究，其基石为红砂岩，村落中年代较早的闸门基石普遍为红砂岩，出于防御盗匪的需要，闸门门洞上下都有对应的圆孔，必要时刻村民就将圆木插入圆孔以抵御外敌入侵。门下方的圆孔还做了排水处理。中山村落的闸门门楣一般都刻有村名或者有特殊含义的文字，展厅中的闸门名称我们认为不能直接选用现有的闸门题字，因为这些题字都是唯一的，都仅对应相应的村落闸门，不能代表整个香山。最终我们选用了"仁厚坊"三个字。仁厚坊是明嘉靖《香山县志》记载的香山县城所在地，博物馆所在区域即属于仁厚坊。这意在表明仁厚坊为中山城市的发源地之一。

关于县城"铁城"的故事，我们在香山立县展项中予以回应。香山建县有一段"称土"传说，不同年代的县志关于"称土选址"传说呈现出截然不同的叙事。对此，专家认为，"称土选址"传说虽然讲的是宋代发生的事情，但反映的其实是明清时期香山社会不同宗族在地方社会的话语权与影响力。因此，在香山立县这一重要历史事件节点展览中，除呈现主角陈天觉之外，我们对两种版本的"称土"传说进行了呈现，为避免引起争议，两种传说版本我们述而不论，并原比例仿制铁城城墙的其中一小段。立县是香山在国家历史进程中的严肃事件，反映在普通百姓中则是关于"称土选址"的传说。两种记忆，颇令人玩味。

香山诸多族谱中都有共同先祖从珠玑巷南迁的故事，大致内容为南宋度宗咸淳年间，罗贵、黄贮万带领珠玑巷人掩护胡贵妃躲避官兵的追捕，坐着木筏顺江而下逃亡到珠江三角洲地区，从而在此定居的故事。这一故事似乎向人们展示珠江三角洲地区开发的历史：正是因为珠玑巷移民，给珠江三角洲地区带来了中原文化、先进技术，促进了珠江三角洲的开发。这一故事广泛传播于珠江三角洲而无法回避。然而历史人类学家分析这一历史叙事，认为该故事在南宋时期并不存在，不过故事的传播始于明代，反映的是明代珠江三角洲百姓在与朝廷打交道过程中为了证明非土著疍民而是王朝编户的汉人身份而编出来的故事，体现的是对国家秩序的认可。在展览大纲的最初阶段，是保留有关珠玑巷移民内容的，但随着展览策划进展到落地阶段，我们发现这一内容落地存在诸多困难。一方面，故事的逻辑不便于转化到可视化的展览，传说讲述的是宋代的历史，但却是虚构的，反映的是明代的社会事件，但过于抽象。另一方面，对于拥有珠玑巷移民记忆的珠三角居民来说，先祖从珠玑巷南迁的故事细节或许有疑问，但深信确有其事。最终因为没有合适的载体以及恰当的切入点，我们不得不对这一历史记忆忍痛割舍。

中山存在方言岛现象，早在明代，嘉靖《香山县志》就记载了这种现象："邑民上禀风气，下钟水土，故其气轻，其质柔，其音唇舌，其声羽，其调十里而殊。"[7]语言学家赵元任也发现"除广州系统的方言之外，在（中山）县城以西，如龙头村的语言，完全属潮汕系的所谓'福佬话'，这种话连其他本县人都听不懂"[8]。近几年语言学专家经过调查出版了《中山方言志》，令人惊奇的是，该书所记载的各种方言分布特征与四百多年前的县志记载大体一致。语言的背后沉淀着丰富的人类文明信息，方言作为一类民俗更是非物质文化的重要载体。音乐、戏曲等离不开方言的表达，粤语区的咸水歌、闽语区的隆都鹤歌以及客语区的白口莲山歌等在中山流传。饮食文化同样在中山五花八门，而饮食往往与方言相结合，例如闽语区的茶果、粤语区的鱼饼等，其名称都是有着特定的叫法与含义。可以说，方言是丰富多彩的地域文化存在的土壤，这在遍布方言岛的中山体现得淋漓尽致。然而在社会交流如此密切的当今社会，多种方言的存在对于中山市民来说恐怕也逐渐沦为记忆了。那么语言作为抽象的事物如何具象化呈现？

语言必须说出来才具有可欣赏性，除在展板内容上呈现中山方言种类、特征词及分布范围等之外，我们将中山各地方言全部用多媒体展示，以《中山方言志》的语音资料为底本，在多媒体浏览器中收录了中山各种方言的歌谣、民谚及特征词等音频，以及方言表现的歌舞等。这一展项对于市民来说颇具吸引力。其中有市民向我们反映语音资料中有一段隆都话的语音资料是不对的，不像他每天说的隆都话。我们发现原来是语音包命名错误，予以纠正了。此外我们在展板说明中分析了中山方言岛存在的原因，认为这与地理环境的变化和人口迁移等历史背景有关。

菊花会是香山县小榄的民俗活动，虽然仅限于小榄一地，但其影响力超出了香山县，可以说菊花会是小榄人的骄傲。它是明清时期香山地方社会经济发展与儒家礼仪教化在香山深入发展的缩影。虽然菊花会主要是围绕菊花开展的活动，菊花会现场更多是各种造型、各种品类的菊花争奇斗艳。但是历史人类学家认为菊花会绝

图3-5　菊花会场景

不是简单的民俗活动，而是在清代经济快速发展过程中有着特定含义的文化创造。[9]菊花、士大夫、正统形象才是最初菊花会的含义，某种程度上是小榄文人炫耀学问标榜正统的行为。为此，我们将第二届菊花会的相关元素如士大夫吟诗的场景、菊花状元黄绍昌的五首菊试诗通过多种方式呈现（图3-5）。我们希望对菊花会在展览中作出历史性的呈现，而非普通的展览民俗。不过更深层次的历史含义恐难以在展览中传达。

　　总之第二单元以香山本地人的视角审视古代香山社会发展的各个阶段，用民俗物品展示诠释历史内容，对本地人深刻记忆的事物予以历史学的回应，跳脱王朝叙事框架，打造有血有肉更有深度的本地化、生活化的展览。

（四）如何讲失语者的历史？

即便以严格的标准来衡量，香山的历史也是一个比较特别的样本。如果以古代王朝更迭的顺序来讲述本地历史，就会发现在很长一段历史时期里其实没什么可讲的。但将时间轴推进到明清直至近现代，又会发现其内容特别丰满且影响重大。这种前轻后重、比例极为不平衡的地方历史，其形成的内在机理到底是什么？

1.为什么设置沙田展厅？

对于香山历史稍微深入考察便能够意识到沙田开发对本地社会发展进程的重要作用，然而这样一个显而易见的事实，即便对于本地人来说也一直没有形成起码的认知。我们希望通过展览，将长期被人们忽略的，在香山地方叙事话语体系中不被重视的沙田历史重新拉回到其本应有的位置。

相对于王朝更迭、贸易全球化等方面，沙田仿佛一个平行世界，有着自身的发展逻辑和规律。它与主流社会关联，又有所疏离，是不断发展扩张的，同时又是一成不变的，因此我们将其单独成章，以便能够完整清晰地展现其独特的历史面貌。

（1）沙田开发造就了古代香山社会

地理因素对一个地区长时期社会历史发展的影响往往是决定性的，这一点在香山表现尤为突出。古代香山是孤悬在珠江口外以香山岛为主体的一系列群岛，与大陆隔海相望。尽管在很早以前就有本地先民在此生活，但这样的自然环境显然不可能供养较多人口，也就无法在此基础上形成较高水平的文明形态，因此在漫长的历史时期里，香山社会一直是在较低的层次上缓慢发展。对比今天中山、珠海和澳门三地的面貌，古代香山无疑发生过非常巨大的地理变迁，而这种变迁带来了大量社会发展所需的土地，从而对本地历史进程造成了决定性的影响。

就一般常识性理解，香山地处珠江水系影响范围，随着冲积平原不断发展，逐渐将原来的海中群岛囊括其中，进而演变成如今的地理面貌。这样的解释虽大体不错，但实际情况又并非如此简单。从古至今珠江水系的造陆活动从未止息，最初没有人来开发这些无主之地，早期的移民也并不会有意识地进行沙田开发，而是发现"海有膏田沃壤"〔10〕，进而将这些滨海无主土地圈筑成沙田。但随着岭南地区发展程度的提高，人口增多，海中沙坦尚未成陆便已有人开始围筑，人们通过主动干预加速了成陆过程，进而获得巨大的经济收益。

宋元以前，香山长期处于小国寡民的状态，至元代仍是"海中一岛耳，其地最狭，其民最贫"〔11〕。但在此之后，珠江三角洲滨线逐渐推进到香山境内，使造陆活动具备了必要的自然前提。而经济利益又驱使人们主动围垦沙田，大大推进了造陆的进程。沙田开发持续不断地为香山提供经济上的增量，推动地方社会发展，尤其明清时期更是使香山社会经济进入高速增长期。新增的土地将周边地区的人口吸引到此，城镇快速扩张，经济总量大幅增加。围垦沙田形成了香山广袤的平原地区，进而深刻影响了本地社会历史发展进程。

可以说，沙田开发对于古代香山社会的根本性影响，是自然地理演变的必然与社会历史发展的偶然共同促成的。中山的地方历史陈列如果不讲沙田历史，就不仅仅是不完整的问题，而是对于后来的很多社会历史现象不断追问之后，无法找到一个令人信服的合理解释。

（2）为失语者发声

自然的伟力是珠江三角洲冲积平原发展的根本前提，没有上游带来的巨量泥沙淤积，就不可能形成广袤的肥沃土地。但对于香山来说，其地方历史的特殊性却在于人民改造自然的巨大贡献，正是他们的辛勤劳动，香山在很短的时间里从海岛生活快进到富庶的农耕社会。

濒海沙田虽属于距离遥远的宗族地主，但在这片土地上耕耘劳作、创造这片天地的却是水上人。由于世代生活在江海之间，游离于王朝国家之外，水上人不仅自身难以发声，而且长期被主流社会所忽略，他们的贡献也同样不被人理解和重视。正如展览总策划刘志伟教授所说，"从海上香山到乡土社会转变的历史，是在海上浮生的土地上展开的，造出这片土地的疍民，长期被历史遗忘，受尽歧视，我们的陈列让创造历史的疍民回到历史的主场"〔12〕。沙田的展览正是要为失语者发声，使水上人回到本地历史中应有的位置，凸显人民在地方社会历史发展中的巨大作用。

　　讲述本地人民的故事在本地人民的帮助下变得更加丰满而生动，在田野调查的交流中，有村民曾感慨："现在社会真是进步了，这些事情都有人关心了。"这让我们真切地感到，我们的展览，我们正在做的事情，我们描述的这片沙田乡土世界都是意义非凡的。

2.缺乏文物的情况下如何设计展览内容

　　沙田农耕题材的特性决定了这部分展览非常欠缺文物支撑，除了部分古籍文献、清末民国时期的土地契约凭照等，几乎没有可以用来展示的历史遗物。因此，从策展之初，沙田部分展示什么和怎么呈现一直是我们需要不断思考和推敲的课题。

　　（1）展厅空间设计方案的艰难取舍

　　最初的展厅设计方案与现在呈现的效果有很大不同，整体空间更加现代简洁，有强烈的自然科普风格倾向，参观动线与展项之间有明显的区域划分（图3-6）。因为可以用于展览的文物很少，我们尽可能搜集利用一切资源丰富展示内容，其中甚至还设置了香山小榄等老沙区比较著名的桑基鱼塘、果基鱼塘生态系统展项，以馆藏龙骨水车为代表的农具展示区，还有艺术化设计的水乡鱼类展示等内容。

　　构建涉及自然地理、农耕经济等内容的展厅，很容易不自觉陷入偏重科普的展示倾向，但实际上这部分展览内容的落脚点更重要在于阐释沙田开发之于香山社会历史层面的意义，自然科普相关内容是切入点和手段，但不是讲述的主体。沙田展

图3-6　最初设计方案效果

厅的基调，应该强调的是沙田对于香山乡土社会形成的意义，以及不同人群在其中的位置和发挥的作用，需要呈现的是香山土地如何从大海中形成、相关农耕形态和在此基础上形成的本地乡土社会格局。基于这样的主旨，我们对原有方案进行了大量删改，几乎全部推倒重来。

基塘农业生态系统本身具有较强的科普性和趣味性，稍加设计就会是一个展示效果非常好的展项。然而，基塘农业其实是经过长期经营非常成熟的老沙区或者所谓的民田区所采用的一种农业形态，并不适于表现人类在海边围垦沙田改造自然这一活动的过程，而后者才是展览力图呈现的。

七八米长的龙骨水车的视觉展示效果非常好，再将农耕劳动中各种农具进行组合陈列，就可以形成一个比较完备的农具展示区。但是，沙田地区主要是利用涨落潮进行灌溉，基本不会用到水车这一类工具。而展览主旨也不是进行农业技术科普，大量展示一般性的农具并无意义。

展示内容要尽可能围绕核心内容进行构建，以服务展览主旨需要，不能单纯为了追求展示效果而设置展项，也不能因为欠缺文物就随便展出与主旨无关的实物。通过做减法，我们取消了基塘农业互动展项、以龙骨水车为代表的农具展示以及其他自然科普类内容。将沙田形成原理展项从科普墙缩小组合进立面展线之中，放大茅寮模型制作成等比大小的真实场景。在这一步我们基本确定了以真实沉浸式场景作为空间构建基本思路，选取最能代表沙田面貌的近海沙田区作为原型。但随之而来的问题是，我们不可能将一个大沙田搬到展厅，于是选择哪片区域进行营造、如何设置动线等又成了必须解决的难题。

沙田是从海中浮生的土地，其中耕作生活的各个方面都与水息息相关，因此第二个方案以沙田围之间水涌作为动线串联整个空间，于展厅结尾处通向大海。观众行走于水涌之中，左侧作为立面展板，右侧则通过半景画方式将水涌旁边的基围和其上茅寮、动植物等元素立体地呈现出来。经过推敲之后，这一方案由于所处的视角导致需要展示的许多内容难以有效结合，尤其是很难带给观众大沙田辽阔无际的直观感受。水中行进虽然能够给观众带来一定新奇的体验，但实际处理起来，作为动线需要经得起人们在其上行进，所能使用的材料手段就非常受限，效果可能会比较差。

之后，我们确定了空间区域选择和动线的布置必须尽可能与沙田代表性展示内容和谐相容，既可以将其串联起来又不显突兀。而沉浸式空间的营造需要尽可能逼真，这就要求动线的选择也需要是现实空间里能够供人行走的区域才能保证制作效果，最后确定将沙田基围作为动线，串联起整个沙田展厅的各项展示内容。

（2）展示内容构想

既然欠缺文物，展览就应通过展项设置强化观众的感官体验，同时注意叙事的立体与完整。该部分就展示来说最大难点在于，对绝大多数观众来说，沙田是不符合一般性认知的。需要构建怎样展示内容，才能使对沙田没有基本概念的观众形成起一个起码"不错"的认识？我们的基本思路是采用沉浸式体验的方式，通过不同视角的变换，多样的表现形式，全方位展现沙田区的代表性内容，关键性信息以展板、展台有机融入其中，让观众直观感受大沙田自然人文风貌的同时，了解沙田背后运作的机制和对地方社会发展的重要作用。

首先通过沉浸式多媒体大展项动态影片，将沙田的自然地理环境、形成过程、人们的干预方式以及最终成田的宏观面貌一一呈现，使观众通过影片先对沙田建立起一个基本的印象，以便后续内容的展开。

然后选取基围作为整个展厅的参观动线，围绕其进行实景营造，将相关的展示内容有机串联起来。基围是沙田区最为关键的设施，既是一片沙田的边界，可将海水阻隔在外，同时也是水上人搭寮栖居之处。观众在参观时仿佛行走于基面之上，沉浸在沙田自然环境之中，既可以观察水上人罾网捕鱼、生活的茅寮和周边的动植物，也能欣赏到大沙田辽阔的风景。

在这条动线上，我们通过卫星视角演示香山地理疆域演变，通过剖面视角揭示沙田形成过程，通过远景视角呈现围外沙田不同形成阶段的状态，通过半景画方式表现围内稻谷成熟的丰收景象，还通过艺术插画展示沙田民田的聚落分布关系，同时将展板上古代香山社会发展、沙田劳动者水上人、地方宗族社会等内容融入其中，从而构建起完整的沙田展厅叙事。

3.非标准化展示空间的营造

沙田部分可以说是整个中山历史陈列展厅空间构建难度最大的部分，除了立面展板内容，空间内复原搭建的茅寮、硅胶人物造型、人造植被和动物标本的定制与布置、仿真地面和仿真水的制作，乃至背景壁画、半景画、艺术插画等内容创作，互动展项的设计，大展项三维动画的制作，几乎整个展厅空间都是非标准化内容，每一项都需要制作者对展示内容有充分的理解和细节把控。

（1）细节决定最终展示效果

艺术创作和场景营造成功与否，取决于是否进行了充分的研究和准备，经过反复不断的推敲琢磨才能达到形式与内容兼备的效果。沙田展厅的每一幅艺术创作从布局构图到元素设置都是有着严谨的学理依据和展示意图的，绝非一般的装饰风景画，也不是艺术家随意的想象和发挥。

图3-7　沙田民田艺术插画

　　比如覆盖整个展厅右侧墙壁的油画长卷，其内容设置就是鹤立、草埗和围田三个沙田形成阶段在自然风貌上的呈现，而事实上这样的画面在真实的沙田区几乎不可能看到，我们通过艺术处理将其组合到一个画面中，又用茅寮进行适当的遮挡分割，使观众在视角转换过程中感受沙田的变化。而整个画面布局也遵循地理规律，按照香山的地理位置，如果地平线是大海，太阳处在半空，就意味着只能是日出的景象，正对画面从左到右在现实世界的位置关系就大致对应为从北到南，香山海边沙田的发展规律也基本遵循从北向南的顺序，三个阶段的画面安排则与之对应。

　　又如展厅最后的沙田民田艺术插画，它理论基础是历史人类学对于香山地区沙田民田关系的考察。这样的空间布局形态在现实世界要广大很多，以至于如果按真实比例还原就会丧失很多聚落形态的细节，而这些细节同样非常重要，如依山的民田大村，其中的祠堂、牌坊、埗头，大村外河道附近的疍民聚落，远处沙田区的围馆、茅寮、闸窦以及穿行其中的农艇等。折中的办法就是采用艺术插画的方式绘制成示意图，既能表现出两者之间的位置关系，又能呈现聚落空间内部的细节（图3-7）。

图3-8　基于现实原型进行艺术塑造的疍民阿婆

　　在空间场景营造方面则是在沙田实地田野调查的基础上，充分考察本地动植物生态后完成的。对于展厅内动植物的布置绝不滥用笔墨，使不该出现的物种出现在展示空间之中。落潮时水边滩涂上活动的弹涂鱼、蟛蜞和觅食的青脚鹬，河涌里成对的绿头鸭，沙洲上休憩的小白鹭，翱翔空中的中白鹭，水杉树上的白头鹎、稻田里的黄胸鹀，乃至罾网中的鱼类都是经过考察，确为广东沿海地区常见的物种的。

　　而沙田劳动者相关内容，则是在田野调查采风的基础上结合沙田历史照片进行塑造的。人物穿着的粗布大衿衫裤、斗笠的样式、罾网形制、搭建茅寮使用的材料、茅寮内部空间布局、日常生活用品的布置、农艇停放方式等都经过深入的调查和推敲，甚至疍民阿婆的形象都是基于现实原型进行艺术塑造的（图3-8）。

　　过于强调真实性的内容设计，会面临要么无法实现，要么牺牲传播展示效果的抉择，而太过重视展示效果，则又可能伤害展览内容的严谨性，要在两者之间取得平衡，则需要策展人与设计师付出巨大的努力。正是对细节的坚持与把控，我们营造的展示空间才能够形成一种丰满而有韵味的状态，因为经得起推敲而愈发耐看。

　　（2）在田野中不断修正认识

　　展览空间营造和细节把控都建立在制作者对创作内容有充分的理解和认识的基础上，而在展览策划之初，我们面临的最大困难是，除总策展人刘志伟教授外，策展团队和设计团队几乎都欠缺沙田地区生产、生活的经验。要将基于理论的文本内容转化成可视的展览内容，就必须走向田野，直观感受真正的大沙田形态、自然环境以及人们的生活状态。

　　田野调查的脚步遍布中山境内各沙田区，如三角、民众附近还在陆续成陆的东北部沙区、坦洲附近南部沙区、南朗以东的沙田，甚至广州南沙区等地。团队成员在这些地方观察沙田的布局、结构、自然植被和人们日常生活、劳动、出行的情况。

　　调查工作并非在前期策划阶段集中进行，而是在展览制作过程中不定期开展的。很多时候我们以为对展览中的某个点理解了，而事实证明并非如此。当策展工作推进到一定程度后，又会发现对某些关键问题的认识其实模糊不清甚至是空白的，种种情况导致我们一次又一次回到田野，去寻找答案修正认知。究其原因，策展团队对展览试图呈现的大沙田面貌，在理解上存在非常大的障碍：一方面沙田的特殊性超出了普通人的认知常识，一方面时代的发展导致难以在今天找到现实样本。

　　为了克服这种情况，总策展人刘志伟教授多次带领策展团队进行田野考察，以实地调查看到的景象作为讨论的基础现场讲解，不断修正大家对沙田的认知。同时策展团队也在加强影像资料的搜集，通过查找历史档案照片、走访基层村史馆等方式获得了许多珍贵的影像资料，作为展览制作的参考。

　　除了观察记录，我们也尽量利用各种机会与当地人交流，通过口述方式了解了许多观察难以获得的细节。比如以往沙田管理招募水上人打短工的方式，通常用一根竹竿插在大围的涌口附近，上边悬挂一把青苗意味着招人插秧，需要人收割则悬挂一把稻穗。在大量零散的对话中，我们通过各种细节逐步在头脑中拼凑旧时沙田区的面貌。这些认识使展览空间布置更为丰富完善，有的虽未能在展览中体现，但也能够帮助策展团队大大加深对于沙田的理解和想象，使细节把握更为准确到位。

（五）如何打破疆域的边界？

一个地方博物馆的历史陈列，必然都在讲本地的历史和故事，不过不同的展览有不同的讲述方式。叙事的主体、角度不同，呈现的效果也大不一样。在历史人类学的视野中，区域并非只是国家里面的某个局部，它的范围可以超越国家的界限，特别"在以国家内部的一个地方作为研究对象的同时，更应该把这个地方放到更宏大的超越国家的视野里去认识"[13]。

1.从地方与世界的互动出发

每个区域都不是单独孤立的存在，而是存在于与外界的相互联系中。因而讲述一个地方的历史，也不能画地为牢，仅仅就某个地方讲地方，而应当从一个更大的视角，比如地方与外部世界的联系和互动中去认识。

在第四单元"镜海扬帆立潮头"中，展览以"十字门开"开篇，其中"向海而生"通过地图、绘画、船只模型直观展现香山的海洋环境和水陆相间的地理环境，从海洋视角呈现当地的海上活动传统和在王朝国家朝贡体系下其扮演的角色，并追溯新航路开辟后，香山南部的澳门成为新形成的世界性贸易体系的关键节点的历史。作为珠江口外的海岛居民，在很长的历史时间里，香山人一直在珠江口周边的海域活动，通过海洋与外界保持联系。而在新航路开辟后，葡萄牙人沿着海路到达东方寻求与中国贸易，也最早来到这片海域。在中国东南沿海活动多年后，葡萄牙人在澳门上岸居住和贸易。澳门也由此被拉入新形成的世界性贸易体系当中，成为这个贸易网络中的关键性节点，同时也把中国和外部世界联系在一起。

　　澳门在历史上是香山的一部分，今天则是特别行政区，与中山市并无行政上的隶属关系。一个讲述香山历史的基本陈列如何讲澳门的历史，这成为一个需要重点考量的问题。一方面，经过几百年的发展，澳门已经有相当丰厚的历史积淀；另一方面，澳门历史并不等于香山历史，且已有澳门博物馆专门讲述澳门的历史。因此，中山历史陈列中的澳门和澳门博物馆展览中的澳门，叙事角度必然有所不同。我们希望站在香山的角度叙述澳门，呈现澳门作为"国际港城"发展的过程、所呈现的状态，以及在中外交流中扮演的角色，同时突出历史上香山对澳门的管辖。在展示素材上，我们通过居澳葡人缴纳地租后香山知县开具的完纳地租银库收单、澳门城内的县丞衙门、林则徐巡视澳门后的奏折等，呈现明清两代政府在行政、军事、司法、贸易等方面对澳门进行的全方位管治。

　　如果说"向海而生"进行的是线的铺陈，接下来的"文明汇流"的重点则是面的呈现。澳门的历史可以呈现的很多，不过我们没有花笔墨去详细介绍澳门的发展历史，而是从全球的视角看澳门，着重呈现以澳门为中心的中西贸易和文明交流互鉴给香山人带来的变化，展示香山人如何与外来商人和外部世界互动的过程，探讨这种变化和互动对他们的影响。澳门与外部世界的互动主要是通过航线和贸易实现的，因此，我们从"贸易航线"入手，通过展示从 16 世纪中期开始各国陆续开辟由广州经澳门通往东南亚、日本、欧洲、美洲、俄罗斯、大洋洲的航线，呈现香山融入世界贸易网络的盛景。为了让观众了解这些航路的主要商品是什么，主要的商品在哪些航线上流动，我们设置了扫码互动的展项，让观众可以通过扫二维码的方式，详细了解丝绸、瓷器、茶叶、檀香木、胡椒、花旗参、棉花、大米、白银等的生产、流通、使用等情况。

　　而在展厅空间内，我们希望从人们的日常生活层面反映香山与世界的联系和互动。葡萄牙人在澳门定居后，很多其他欧美国家的商人和传教士等也到了澳门。各国商人通过贸易把各种中国的商品运到世界各地，对欧美地区的艺术、建筑、家居、日常生活等诸多领域产生了重要影响。而外国人来到澳门后，出于生活、宗教乃至战争的需要，他们把西方的方方面面搬到了澳门，并根据自身的认知和习惯，塑造着澳门的样子。可以说，澳门就是一扇窗，香山人可以透过澳门，看到外部世界的样子。因此，我们在展厅的两侧分别呈现商品、文化流出和流入的影响，也以此隐喻中西文明在此处的汇流。展厅左侧展示广绣、广彩、茶叶、广雕等外销商品，展现以澳门为关键节点的贸易和文化交流对欧美社会风尚的影响；展厅右侧从人的活动和物质层面入手，从建筑、语言、音乐、饮食、器物等与人们的日常生活息息相关的方面，呈现中西贸易和文化交流对香山和香山人的影响（图3-9）。

　　建筑方面，在长达几百年的时间里，西方的各种建筑风格被移植进来。人们只要进入澳门，就能看见一座座充满欧洲风情的建筑，感受异域的风情。我们选取了澳门各个时期的民居、剧院、教堂等各种功能、风格的建筑进行介绍。语言方面，在澳门对外贸易的交流中，葡萄牙语在早期使用较为广泛，中后期则是英语使用更为广泛。为此，我们介绍了《澳门记略》中收录的澳门葡语词条和唐廷枢编撰的《英语集全》。《英语集全》中记载了英语在各种场合中运用的情况，我们专门选取了茶叶贸易中的对话，配合外销画中茶叶贸易的场景，用对话的形式，把英语在场景中的应用呈现出来。器物方面，道光《香山县志》记载，制器有天文器、兵器、乐器。天文器有十二辰盘自鸣钟、自行表、日规月影、鹅卵沙漏、寒暑针；兵器有大铳、鸟铳、机铳、长枪、手枪、自来火枪、緘银花火器、绕指郁刀、银柄武器、长剑短剑；乐器则有风琴、铜弦琴、铜鼓、蕃笛。其他的则还有眼镜、照身镜、千里镜、显微镜、火镜等。我们选取了怀表、放大镜、望远镜、玻璃制品以及外国货币等与人们日常生活密切相关的物品进行介绍。

图3-9　结合展品与互动的餐饮场景

考虑到音乐的独特性，我们把音乐单独拿出来专门介绍。西洋音乐于明中期开始传入澳门。我们选取了故事性比较强的管风琴、钢琴进行介绍。在清康熙五十七年（1718），香山副将郎亦傅巡游澳门，在三巴寺（圣保禄教堂）看到了管风琴，非常喜欢，回来也仿制了一架。这很可能是首架中国生产的管风琴。他的朋友梁迪为此还专门写了一首名为《西洋风琴》的诗。在清道光七年（1827），香山县人蔡显原游澳门，受邀到一洋人家里参观，一名女子为他演奏了一首钢琴曲，他用诗把这个过程详细描写了出来。而事实上，澳门西洋音乐对香山乃至中国现代音乐教育发展还有更深远的影响。被誉为"中国现代音乐之父"、中国近代音乐教育的奠基者的萧友梅幼年随家人移居澳门，在此受到音乐启蒙，把现代音乐传播作为奋斗终生的事业。饮食是人们生活的一部分，也是无形中影响最为深刻的一部分。西餐很早就传入澳门，荼蘼花、卷心菜、荷兰豆、咖啡树、番薯、马铃薯、番鸭、奶牛、洋葱、番荔枝、西红柿、巧克力以及世界各地酿造的各种酒也传入澳门，或经澳门传入香山地区。清光绪年间的一本菜谱上就有洋葱炒肉片、咖喱鸡、红扣洋鸭等菜式。

2.以人的活动突破疆域的边界

　　每一级的行政区划，其管辖的区域都有清晰的边界。这些边界也许会随着行政区划调整而有所变动，但是边界本身一直都存在着。因而讲述某个地方的历史，那讲述的边界自然受到这个地方行政管辖范围的限制。然而对于人来说，他的活动空间并不会受到行政区划的限制。因而当我们追随人活动的足迹讲述人的历史时，所呈现出来的地域空间也自然而然地跟随他们的活动轨迹而变动，从而突破行政区划意义上的空间限制。我们首先讲述了香山一群小人物的故事。一个个在这个地域空间里讨生活的人，通过为洋人引航、销售采办物品、提供日常生活的各种服务，乃至与官府接洽，与外来的商人、传教士等打交道，也从而接触到外部的大世界。我们挑选了引水人、买办、通事这三种人，呈现他们如何与外部世界互动。而长期与外界的接触，他们的日常生活、眼界格局也随之受到影响，其中的一些人登上商船，开始走向世界。

　　展览不仅关注全球化对地方社会带来的影响，更关注这种影响与国家近代化之间的关系。第三节"走出香山"以线的方式，讲述香山人通过伶仃洋走向世界。一方面，随着上海等沿海沿江的重要城市陆续成为通商口岸，一些熟悉洋务的香山人把事业转移扩张到这些口岸。香山《北岭徐氏宗谱》中对徐氏族人徐钰亭在澳门、上海经商的经历有着详细记载。他十多岁弃学从商，赴澳门从事对

图3-10 跨洋留学展区

外贸易，攒下不小家业。上海开埠后，受英国人必里士的邀请，他又到上海从事丝绸、茶叶贸易。他的经历在那个时期的香山商人中很有代表性。在这些商人的带动下，大量同乡前往这些城市谋生。另一方面，他们也通过澳门、香港登上远航的船只，沿着航线前往美洲、澳洲、东南亚、日本等地谋求发展。由于这段历史特别丰厚，我们专门把它独立出来，用"中山华侨历史陈列"专门讲述中山华侨的历史。在展厅中，我们则用一块"中华会馆"牌匾和一只行李箱作为引子，引导观众到另一个展厅参观。

此外，香山人在留学史上也有开创性的影响。容闳、黄宽等前往美英留学，后来推动官派留学，开启了留学先河，而那些留学生回国后也在各行各业推动中国走向近代化。

香山人走向世界后虽然机遇各不相同，但无疑给他们的人生带来巨大的改变。其中的一些人踏上更广阔的平台之后，逐渐成长为参天大树。我们特别选取了容闳、郑观应、孙中山的自述，揭示他们的心路历程（图3-10）。

予既远涉重洋，身受文明之教育，且以辛勤刻苦，幸遂予求学之志……则当使后予之人，亦享此同等之利益。以西方之学术，灌输于中国，使中国日趋于文明富强之境。——容闳《西学东渐记》

昔官应年十七，小试不售，即奉严命赴沪学贾。从家叔秀山学英语。入宝顺洋行管丝楼监管轮船揽载事宜，从英华书馆教习傅兰雅读英文夜馆。……究心泰西政治实业之学。——郑观应

幼读儒书，十二岁毕经业。十三岁随母往夏威仁岛，始见轮舟之奇，沧海之阔，自是有慕西学之心，穷天地之想。——孙中山

第四节"敢为天下先"从工商业、旧民主主义革命、新民主主义革命、文化教育四个方面，分别讲述香山人推动中国走向近代化的故事。在近现代工商业领域，有两个香山的群体成就特别耀眼：一是郑观应、容闳、唐廷枢、徐润等人，他们在近代工商业思想启蒙以及开创近代民族工商业的实践过程中起到了重要作用；二是马应彪、郭乐、蔡昌、李敏周等人，他们开创了近代中国的百货业。在革命领域，"救国争先锋"以孙中山先生的生平为线索，讲述他在创立兴中会、创建同盟会、开创共和、维护共和方面的伟大贡献，以及香山人支持孙中山革命的故事。"革命探新路"则讲述辛亥革命失败后，苏兆征、杨殷、杨匏安、林伟民等香山人积极宣扬马克思主义，领导开展工人运动，探索革命新道路的事迹。文教领域在晚清民国时期也随着发展大势从传统向近代转型，出现了新风尚、新形式。蔡绍基、唐国安、钟荣光、韦卓民、郑锦、方人定、萧友梅、吕文成、苏曼殊、王云五、阮章竞、阮玲玉、郑君里、黄绍芬、张慧冲等香山人深入参与其中。展览通过展示他们的著述、画作、用具、函札、报道等介绍他们在各领域的开创性贡献（图3-11）。这些人的主要舞台要么是在上海、香港、广州、天津、武汉、唐山等大城市和工业基地，要么是在夏威夷、

图3-11　香山文化名人

日本、东南亚、北美、澳大利亚等地。他们创造的历史，既属于香山的历史，也属于中国的历史、世界的历史。

3.以人的活动连通地方与世界

走向世界的香山人既改造着外部的世界，也努力把外部世界的新理念、新技术和资金带回家乡，把家乡和外部世界紧紧连在一起。展览的主线跟随香山人的活动而走，因而呈现的空间可能是香山（中山），可能是外地，也可能既是香山，也是

图3-12 "城乡新貌"展区的客运汽车场景

外地。展览第五单元"近代中山开风气"的"城乡新貌"以近代化作为切入点，讲述分布在世界各地的中山人回到家乡，在建设城市、开辟港口、修筑公路、兴办工商业等方面改造家乡的故事（图3-12）。为了取得较好的展示效果，展览着重通过场景再现民国时期中山的城市风貌。当时的县城石岐分布着各行各业，传统与现代杂糅其间，具体挑选哪些行业进行场景复原，成为策展团队必须面对的一道难题。因为这不仅关系着展览的展示效果，也关系着展览的观念表达。考虑到展览内容要表现现代性的需求，以及香山商业文化博物馆中已经有石岐传统商铺的场景，新的陈列需要有所区别，策展团队重点关注与近代化密切相关的行业，从众多的行业当中，挑选了商业街、客运汽车、摄影、银号、音乐茶楼、书店等进行复原。

　　筑城和修路是中山走向近代化过程中最为直观且影响深远的事项。他们把影响商业发展的旧城墙拆除，修筑城区的马路，在马路两旁修筑骑楼商业街，同时也修筑通向各乡镇的道路，开通客运汽车。这些举措奠定了中山城市发展的基础。

　　照相馆是个很现代也很特殊的行业。我们一开始的设想，是把照相馆的功能表现出来，前厅设置为一个会客厅，后厅则设置为一个服饰展示、照片展示与拍照互动融为一体的空间。在会客厅里，把一些在其他空间里无法陈列的精美文物作为空间的装饰融入进去。在深化设计阶段，我们越来越觉得，照相馆既是一个时代的见证者，也是一个时代的记录者。通过照相馆，我们其实可以连接一个时代。同时，香山人在早期的影像业中占有重要一席，既有非常有名的照相馆，也有著名的摄影家。为此，我们多次讨论后，决定放弃前厅主要以装饰为主、多陈列文物的想法，而改为以照片作为陈列的主要内容。我们选取了同生照相馆、郭锡麒、卢施福、郑景康、蔡尚雄等的摄影作品，同时也选取了孙中山家族和阮玲玉、郑君里、黄绍芬等人的照片。不同照片的风格和题材各异，既有人物，也有风景；既有建设，也有战争；既有上层精英，也有普通百姓。彼此既各不相同，又和谐地统一在照相馆的空间内，刚好让我们看到那个时代的不同面向。

　　钱庄银号是连接香山和外部世界最重要的纽带。外出的香山人通过钱庄和银号把钱汇回家乡亲人的手中。我们在展厅中重现银号的场景，也把钱从海外汇往家乡的整个过程呈现出来。珠三角地区很早就有喝早茶的习俗，民国时期酒楼除了可以喝早茶，有时候也会安排表演，如广东音乐的一代宗师吕文成就曾回到家乡，在酒楼里演出，轰动一时。这在当时成为一种时代的风尚。我们希望观众不仅能在空间里看到广东的早茶文化，也能了解茶楼的演艺文化（图3-13）。我们以油画的形式创作了吕文成的名曲《步步高》演奏的场景。当时《步步高》主要由钢琴、高胡、椰胡、琵琶四种乐器合奏，与今天大家所熟知的《步步高》音乐演奏有所不同，体现了当时音乐创作中西合璧的特点。同时在背景音乐中还原茶楼的情景对话以及《步步高》《醒狮》等音乐演奏的声音。

图3-13　早茶文化与演艺文化的结合展示

在近现代文化教育发展的过程中，书店扮演着特殊的角色。书店以书作为载体，传播进步思想，普及科学文化知识，同时也连接作者、出版商和读者。考虑到书店的这种特殊性，我们把它作为重点的场景进行打造，让它承担多种功能。我们在书店门口集中展示民国时期的教材和报刊，在书店内集中展示近现代香山人编著的部分图书和王云五主编的"万有文库"的部分图书，放置可以取阅的连环画读本和方便阅读的小板凳，并制作了一批带有"万有文库"图书名称的书壳营造书店的氛围。此外，我们也把书店当作展示区域，展示中山本土的文化、教育、医疗方面的内容。这样的书店既是一个展示中山文化教育的空间，也是展示中山人在各领域著书立说成就的空间，同时还是一个开展文教活动的空间。

　　我们塑造的每一个空间，是抽象的，也是具体的，既有中山本土的影子，也有中山人活动的痕迹，展现的是中山与外部世界之间的联系，以及在这种连接的影响下中山地区的发展。

（六）如何呈现多元视角的地方华侨史？

　　在"风起伶仃洋——中山历史陈列"第四单元的"走出香山"章节中，我们讲述走出香山的人群在区域选择上，既有前往国内沿海沿江城市的群体，也有远赴东南亚、日本、美洲、大洋洲等地区的群体。因为展厅空间、叙事逻辑的局限，海外中山华侨群体的历史无法在中山历史陈列展厅中得到充分的展现。更为重要的是，中山作为广东著名侨乡，独立设置中山华侨历史陈列是响应广大华人华侨、归侨侨眷的呼吁和盼望，也是进一步凝聚侨心、汇聚侨力的重要举措。

1.一个兼具地域性与世界性的主题

　　展览主题贯穿于整个展览过程，是一个成功的展览的灵魂和精髓，是对展览的指导思想、宗旨、目的要求等最凝练的概括与表述，是统帅着整个展览策划的创意、构成、方案、形式等各个要素的"纲"。

　　如何讲好中山华侨的奋斗历程和展现华侨的家国情怀，对策展人是不小的挑战。因为，香山作为华南沿海的县城，又是中外交流的前沿，中外文明的交汇融合潜在地影响着人们的日常生活、眼界格局和精神品格，使香山孕育了独具特色的海洋文化、华侨文化、商业文化。策展人在经过多年的调查后更加清晰地意识到不能孤立、分割地看待华侨文化这一主题，因为华侨文化从诞生之初就与走出香山、走向世界的中山地域历史文化密不可分。

从国内华侨博物馆的陈列展览主题来看，主要讲述海外华侨艰辛执着的奋斗历程和爱国爱乡的光荣传统。从统一战线角度而言，建设华侨博物馆的目的是加强海外华人华侨与祖（籍）国的情感联系，以中华传统优秀传统文化为依托保源培根，促进海内外中华儿女大团结。从观众需求角度而言，华侨博物馆是了解华侨历史与文化的重要场所，也是中华多元文化的重要组成部分。但是，这些展览的叙事逻辑大多雷同，展览框架、内容与形式设计同质化现象较为普遍。有些馆是以华侨历史文化为全馆的唯一主题，有些馆则是作为地方历史的一个特色展馆、展厅来规划的。

我们从策划这个部分之初就一直在思考如何在地域历史文化的大背景中充分表达中山华侨文化的特性，不重复中山历史陈列的展览叙事，也不简单地复刻国内通行的华侨历史展览叙事。

主题鲜明、内涵丰富的展览策划首先建基于对中山华侨历史的深入研究之上。以往，学界同仁研究围绕作为孙中山革命事业追随者的华侨群体多有成果，但是对中山华侨的全面研究缺乏宏观梳理。我们搜集了学界研究中山华侨的相关图书、论文及历史资料等，为初步了解中山华侨特点打下了基础，尤其是 2013 年中山市外事侨务局、中山市港澳事务局编著的《中山市华侨志》作为中山有史以来首部华侨志书，帮助我们对中山华侨的全面发展做了宏观了解。

我们还选择到广阔的侨乡和海外侨居地走访调查和征集历史实物资料，与广大华人华侨归侨侨眷密切交流，并将这些田野调查与专业学术研究相结合，大大提升了对华侨历史经历的人物、事迹、物证、口述史等的研究认知，促进了微观史实研究与宏观史研究的紧密融合。

自 2004 年中山华侨历史博物馆开始筹建起，我们就开始有系统地对外征集华侨历史实物和资料，接收到广大海外华侨、侨眷和社会各界人士的热心捐赠。特别是 2011 年起，我们联合中山市外事侨务局、中山市归国华侨联合会、中山市文化广电旅游局等单位赴澳大利亚、美国、马来西亚、日本、古巴等 13 个国家 30 多个城市开始华侨历史文物的专项征集，得到了当地华侨社团、华人华侨的积极响应，积累了 5000 余件（套）实物资料，为中山陈列展示华侨历史奠定了坚实的基础。

大量调查研究和历史实物资料的获取帮助我们更清晰地认识到宏观上中山华侨的地域性、近代性与全球化等核心特征，具体表现上既有广府华侨出洋区域选择与从事职业的共性，又有香山作为海滨之城敢于冒险、善于创新的特性，还有不甘务农打工、尤擅创业经商的传统，更有回国投资兴业、热心慈善的家国情怀。

我们在持续征集扩充、深入研究解读馆藏华侨历史文物的基础上撰写了陈列大纲，并邀请了张国雄、张应龙、周敏、陈迪秋等十多位广东省内外侨乡研究专家指导审核陈列大纲。经过 2011 年、2012 年及 2015 年连续三次评审会，在数易其稿的基础上终于顺利通过陈列大纲，为陈列展示打下了坚实的基础。

2.一条突出海外奋斗与家国情怀的主线

经过多年研讨反思和调整完善，我们确定了展览的主体结构，从根、家乡到人类命运共同体，在内容上则从传统的苦难史叙事中脱离，突出中山华侨自 16 世纪以来走向世界求生存、谋发展的历程，展现他们的艰苦创业、自强不息、乐于奉献，对居住国的政治、经济、文化发展做出的巨大贡献。

我们特别重视表现他们的家国情怀，关注华侨在支持民族复兴、国家富强与弘扬中华优秀文化方面的表现。他们反哺祖国，热心公益、参与建设，在中国革命、建设、改革开放各个历史时期都写下了彪炳史册的辉煌篇章，做出了重大贡献，铸就了光辉灿烂的华侨历史文化。其中考虑到中山华侨参与祖国抗战事业的贡献在中山市仍无常设陈列，特地放大了有关展示区域。而中山华侨参与近代化、实业救国部分因商业馆已经展示，则压缩其展示区域。将历史馆中涉及中山华侨名人敢为天下先、引领近代之风气的部分，从以人带事转为以事带人，转换角度，避免与规划中的中山名人馆展陈的叙事逻辑重叠（图 3-14）。

图3-14　中山华侨历史博物馆正门

时至今日，广大中山华侨作为中外交流的传播者，架起了中国与"一带一路"相关国家美好友谊的桥梁，是以"软实力"推动中国影响力的具体表现，对"一带一路"和构建人类命运共同体建设均具有十分积极的意义。

在展览落地的过程中，由于场馆选址调整、展陈规划面积缩小等原因，陈列大纲进行了多次优化完善，仍延续了其主体框架结构和核心精神表达。为了进一步提高展示主体的高度与深度，我们把时间开端放到地理大发现与经济全球化开始时，符合当下侨务总体布局思路，把展示结尾落在华侨是人类命运共同体的参与者、推动者视角，升华我们展览的立意。

3.一段兼顾代表性、全球性和精神特质的内容

展览文本是展览内容设计的主要载体和表现方式，也是展览形式设计的主要依据。我们在展览全程贯穿了以物见人、因事识人的原则，不但重视宏观历史叙事，更注重由具体的历史事迹切入，使历史更接地气，更富有感染力和说服力。我们在展览中选取了大量华侨个人、家庭、群体等的事迹，使各个单元章节主题的叙事都能通过对应的代表性人事物来延展印证，充分反映华侨在世界各地、各行各业、不同发展阶段的多样性与复杂性。在中山、中国与世界互动日益紧密的时代大潮中，中山华侨把握主动、赢得发展的主体精神由此获得了真切深刻的展示。

我们还在文本创作的过程中与世界各地的人们广泛交流，获得了大量第一手信息；还与专业翻译老师合作共同完成了全部文本的英语翻译。翻译本身也是新的创作过程，其间我们对有关历史和展品的背景做了大量调查取证，竭尽全力提高了文本的准确性和专业性，使展览对久居海外的华人华侨和外国友人更为友好。

第一单元"志在四方"的主题引自展品澳大利亚华侨关康祺自传《康祺阅历记》。他以"尝闻男子志在四方"为开篇，讲述了从 20 岁闯澳大利亚做伙计

图3-15　孙中山以英文撰写的《建国方略》

起家的传奇经历。通过案例表达青年华侨勇于闯出一片天地的精神。这样的个人故事有很多，普遍发生在 16 至 20 世纪香山人与世界密切联系、频繁互动的过程中。

　　近代中国工商业领袖、永安公司创始人郭乐在其回忆录中讲述了自己的经营实践，"于外人经济侵略之危机中"，"将外国商业艺术介绍于祖国以提高国人对商业之认识"。我们展出了此书，并辅以 20 世纪前期澳大利亚悉尼永安公司使用的油印机，使具有国际视野和深远影响的香山企业家形象鲜明突出。

　　从容闳在《西学东渐记》中表白早年留学时立志教育救国的心迹，到留美幼童学有所成者编著中英文辞书和以外语翻译中国经典，到孙中山以英文撰写《建国方略》等一些革命著作（图3-15），可见香山籍留学生推动中外文化交流和近代中国变革发展的具体形象。

早期香山人素有出洋务农务工谋生的传统，有前往美国、澳大利亚等地"金山求财"之人，下南洋的打工人，受骗被掳当"猪仔"前往拉丁美洲之人，还有前往非洲及遥远海岛开垦种植之人。他们缺乏资金，但普遍具有冒险精神和合作意识。陈列展示无法面面俱到，于是化繁为简、抽丝剥茧，从淘金、农牧开发、种蔗制糖、锡矿开采、橡胶生产等行业的展品与人物入手，更能引起参观者及侨胞的共鸣。

以早期留学生李恩富"中国人必须留下"的呼吁为主题，结合普通华侨为出洋办理烦琐手续、努力学习外语争取更好发展的物证，配合讲述外交官与侨领等倡导建立华侨社团，推动唐人街建设，维护华侨正当权益的种种事迹，从多个视角反映了香山华侨为了实现更加充分的发展而付出的艰辛努力和取得的巨大成就。

第二单元"寰球经营"的主题取自早期香山华侨在世界各地创业有成，乃至成为企业家的故事（图3-16）。中山人在日本、秘鲁、美国等地区经营中餐馆的影像、经典菜单、经营用具，以黑醋古老（咕噜）肉、炒牛里脊、宫保鸡丁等经典菜式复原为核心的餐馆复原，共同塑造了飘香海外的舌尖上的中国形象。

我们把中山华侨经营极具特色的百货业进行重点展示。以澳大利亚永安果栏（19世纪末成立的该公司为近代著名的永安公司前身）招牌为核心展品，从世界各地收集的中山人经营百货公司的历史实物琳琅满目，非常直观地展现了他们在经营规划、规范管理、市场营销、服务理念等方面都走在了时代和行业的前列。

华侨社团是海外华侨社会的核心支柱，在华侨社团的集中展示区域汇聚了来自全球数十个社团的上百件历史实物，我们以此来呈现中山华侨社团的发展历程。核心展品"香邑会馆"来自美国阳和会馆（始创于1852年），其历史非常悠久，1881年底，时任清政府驻美国、西班牙、秘鲁公使的香山人郑藻如经

图3-16 "食贯中西"展区

过美国旧金山，欣然为会馆题字。2011 年由社团的中山乡亲捐赠。同乡的深厚情谊和同心同德凝结其上，至今已有 140 多年。

　　晚清时期，中国社会腐朽衰落，面临被列强瓜分的民族危机。孙中山在世界各地的华侨社团中号召广大华侨参与中国的革命事业。展品《檀埠隆都从善堂缘起》写道："我都人足迹所到之地，即我国魂梦绕所至之区；我国魂梦绕所至之区，亦即我国势发展所及之地也。"广大华侨的民族意识觉醒，不再局限于血缘乡情，而是与整个华侨社会日益紧密地联系在一起。这也点亮了第三单元"凝聚族魂"这一民族觉醒的大主题。

图3-17 为国家生存而战展区

　　我们在第四单元"命运与共"中设想，讲述的是香山华侨参与孙中山领导的辛亥革命、响应号召践行实业救国、华侨全面参加支援抗日战争及共同反抗世界法西斯的主要内容（图3-17），但是如何在有限的空间内呈现我们想要表达的主体，内部讨论时，分歧很大。

　　我们主要面临的问题一是香山华侨参与孙中山领导的辛亥革命这部分内容已在孙中山故居纪念馆、中山历史陈列中均有重点讲述，恰好这部分馆藏文物

又偏少，要如何呈现。二是践行实业救国的以四大百货为代表的中山华侨的内容在商业文化博物馆已有专题陈列展示，中山历史陈列中也有涉及，选择哪种角度入手讲述较为棘手。三是抗日战争时期华侨既参与了以国民党为首的正面战场的活动，也参与了中国共产党开拓的敌后战场，如何侧重展示，从哪些人物事件入手。四是祖籍中山、身在海外、参与居住国的反法西斯战争的代表人物要不要讲。在经过多次讨论后，我们一致通过从艺术形式上表现香山华侨参与辛亥革命，从支持国货上讲述四大百货公司践行实业救国的行动，从空间氛围上营造华侨共同参与全民族抗战这场救亡图存斗争，从高度上讲述全世界人民一致抗击法西斯的斗争的具体方案。

4.一串饱含智慧与情感的故事

展品的征集、遴选、阐释是展览叙事的根基所在，展品的价值、数量和内涵呈现，直接关系到博物馆的影响力与吸引力。得益于中山侨乡历史悠久，侨情资源丰富，海外华侨众多，我们的华侨类藏品超过了5000件（套），其中超过一半是通过"走出去"征集华侨文物而来，具有范围广泛、种类繁多、代表性强、价值珍贵等特点，成为华侨陈列展品中的一个个亮点。

华侨历史文物是华侨海外奋斗、对祖（籍）国与居住国各项事业发展作出杰出贡献的见证物，主要是华人华侨在不同时期的重要实物、文献、艺术品、图书等文化遗产。在基本陈列中纸质类文物展品较多，包括华侨在出国过程中所使用过的各类证件、不同历史时期的文献资料；华侨社会所产生的特殊资料，如侨批、侨刊乡讯等。除此以外，基本展览还展示有大量华侨在生产、生活中的各类用品。这类涉侨文物本身所具有的观赏性较低，所以青少年在观展过程中，展品很难在第一时间激起他们的好奇心与求知欲。

为讲好华人华侨故事，我们从众多藏品中精挑细选跟展览相关的实物资料尤为重要。我们以人物为主线，以人带事，以事带物，不突出精英化，用历史人类学方式展示中山普通华侨的生产生活，以物见人，集中展示中山籍华人华侨的群体形象，深情述说了侨胞爱国爱乡的赤子情怀、自强不息的奋斗精神和开放自信的国际形象，用独特视角实现博物馆对华侨文化的表达。

我们在展览中采用文物组合展示，形成场景式、故事化展示方式（图3-18）。展览不但创造和传播知识，还保持着对创造历史的群体与个人的真切关注和敬意，并寻求与观众的情感交流。这样可以更好地兼顾展示的沉浸感、层次感和

图3-18 社团文物"库房式"陈列展示

历史真实性，充分关照观众对生产生活真实体验和情感的认知需求与共情需求，特别适合对有关历史文化认知较少和艺术鉴赏水平有限的观众。

行走在海外中山人的展示空间，我们如同漫步于国外的唐人街，看到摆放着琳琅满目商品的杂货铺、百货店，中餐馆；踏入海外华侨社团，人们身临其境感受库房式陈列 100 件会馆牌匾、会旗、会员证、章程及建筑构件等带来的震撼。走进侨乡中山的展示空间，我们就可以从近代民居中感受到侨眷生活的味道。从门口的趟栊门到满洲窗，从彩绘大花板到窗楣造型，从厅堂的桌椅到两旁展柜中放置的华侨带回的生活用品，再到后厢房陈列的金山箱、字架、梳妆台、洗手盆架、缝纫机及西洋钟等数十件物品，都散发着华侨家庭的生活气息，在细微处彰显着侨乡的中西融合。展览充分利用历史情境再现，文物构造场景的手法，帮助历史中的物与当下的观众相遇，促进人们跨代际、跨文化的沟通交流，使重现的历史空间成为温暖人心的情感空间。

5.一组文物构造的情境

展示空间是一种多维度的组合空间，参观者在展示空间可视、可闻、可触摸，全方位地参与、感受。想要做好一个展厅空间的设计，需要从创意、平面、空间、标识、形式、技术等多个方面来考虑。华侨历史陈列展厅由于场地有限，如何利用有限的空间展示更多的内容，是策展者着重考虑的问题。

为了打破传统空间，我们采用文物构造情景、再造历史现场的形式，营造场景式、故事化展示氛围。我们从华侨出洋的船舱情景入手，融入华侨群体出洋使用的十多个行李箱、船票、船期表、船上的望远镜、航海气压计、船舵等元素；展示在海外谋生创业时华侨从橡胶树上割胶到运送到工厂加的全流程，华侨从在唐人街参加节庆活动到加入社团参加各项活动的画面；在异国他乡的华侨从形成国家观念到投身到祖国的革命救国与救亡图存的过程；华侨与家乡的互动主要从改善家人生活状况到推动家乡社会进步，从融入侨居国发展到寻根续缘组织华裔青少年学习中华文化的转变；等等。

为了凸显空间氛围，我们敢于打破常规展示路线，在第二单元与第三单元结合处外围设置圆形流线布局，通过"唐人街艺术插画"的形式展示华侨在当地的生活。从常见的牌坊到逢年过节时舞龙舞狮，从身穿粤剧服饰表演到地标建筑，处处彰显着身处唐人街打拼、生活的华侨景象（图3-19）。在第三单元，则以同心圆造型打造华侨社团的库房式展示形式。展厅上方的屋顶造型灵感来自目前可知的中山最早的华侨社团——1802年在马来西亚槟榔屿成立的中山会馆，它是一座典型的岭南祠堂建筑。四周用来自数十家中山华侨社团的100件文物构造华侨在异国他乡守望相助、同为一家的空间氛围。

图3-19　唐人街艺术插画

　　为了营造侨眷生活的真实感，我们在第五单元"再造乡邦"中营造出侨房的空间。中山地区分布着形式各异的侨房，但其内部厅堂格局基本保持一致，因而我们从馆藏的趟栊门、木雕隔断屏风、彩绘大花板、桌椅等入手，用虚实结合的手法营造侨房的意境，在左右两边装饰玻璃，后面采用独立大通柜展示华侨回家乡置业买田、结婚生子，侨眷中年女子赡养老人、抚养幼儿的画面，摆放清末民初普通人家所用的金山箱、缝纫机、食品罐、梳妆台等，处处让人感觉到熟悉的氛围，让人有回到了家的感觉，从而拉近与观众的距离。

二、素材构建

（一）展品匮乏怎么办

新馆筹建之初，家底非常薄弱，藏品的总量少，质量也不高，与本地历史相关且能直接用于展陈的则更加匮乏。不仅如此，每年的征集经费也非常有限，仅有几十万元。如果采用常规的藏品征集方式，短时间内很难征集到足够的展品支撑起新馆展陈的需要。为此，我们坚持文本与展品同步考虑，在以"人"为中心构建展览内容的同时，以展览叙事为核心，建立新的征集模式：一方面改组征集团队并积极灵活地拓展征集途径，一方面以情感为纽带推进全民参与共建。同时，我们坚持征集与仿制统筹推进，积极开展文献资料的调查梳理工作，仿制部分一时难以征集的展品。历经数年努力，建立起较为完善的基于本地历史的藏品体系，为构建新馆基本陈列打下了坚实的基础。

1.目标明确，围绕展览叙事开展藏品征集

我们坚持地方历史记忆保存者的自身定位，制定了围绕地方历史叙事展开征集的大方针，一切征集优先服务于构建新馆基本陈列的展示需要。能够用于地方历史叙事、完善展陈内容的就是好藏品，就是最优先需要征集的。通过梳理本地历史和地域文化特点，我们将征集范围扩大到历史上的香山县（包含今中山、珠海及澳门），立足本地、立足近现代，重点围绕香山灿烂的海洋文化、华侨文化、商业文化、名人文化等地方特色开展征集工作。同时，我们把策展和征集结合起来，组建新的征集团队，策展人员同时也是征集人员，并实行边

调查研究、边编写大纲、边开展征集的"三边"模式。这样调整之后，征集服务展览的精准性大幅度提高，摆脱了此前方向性征集，再大海捞针式地挑选展品的情况。

全方位呈现人民历史的新馆基本陈列，展览叙事更关注普通人的生活，讲本地人的故事，因而与人相关的各类日常物件也大量被纳入征集工作的视野之中。这类文物往往有别于主流收藏品类，多流转于不同圈层的民间藏家，甚至普通人手中，这就要求我们多角度探索征集路径。通过融媒体方式持续、广泛地宣传博物馆的征集需求和方向，同时灵活调整征集策略，重视每一条线索的梳理和记录，逐步构建起跨拍卖机构、文物商店、民间藏家、捐赠者以及网拍网购等各个层次，全方位、覆盖海内外的线索体系，也取得了很好的征集成果。据统计，新馆基本陈列所有展品中 70% 以上为近年征集所得。

2.广泛互动，以情感为纽带推动全民参与共建

近现代文物在新馆基本陈列展示体系中占比非常大，而这类文物距今时间较短，很多关键物品尚在相关人员手中，未流散到市场上，因此文物征集首要做的是人的工作。在海外，我们积极联络统侨部门联系摸查侨情线索，走访 13 个国家的华侨社团、家庭和活动遗址，拓展文物征集路径的同时，建立情感联系，让广大中山华侨了解到，遥远的故土正筹建一座博物馆以讲述他们的故事。在国内，与中山籍名人及其家属、本地藏家等保持长期往来，建立信任关系。

按照"边征集边展览"的思路，我们先后举办了 20 余场征集品专题展览，及时展示宣传征集成果，以实际行动赢得海内外以中山人为主的捐赠者的认可，形成正向反馈。征集工作的开展，不仅持续激发了民众支持博物馆建设的热情，也提高了藏品的"社会能见度"，增强了公众参与建设博物馆的意识。经过多年的努力，我们的征集脚步遍及海内外，与公众广泛互动，获得了越来越多的支持和参与。在"沧海之阔——中山华侨历史陈列"展厅，90% 的展品都是海外华侨、归侨侨眷和社会各界热心人士捐赠的。

3.发掘档案，有针对性进行仿制

陈列大纲初步完成后，我们根据展览内容对馆藏文物进行了系统梳理，发现比较欠缺的有以下几个方面的展品：一是记载古代香山地区开发的文献资料；二是明清政府对澳门和往来商船进行管治的文献档案；三是反映中外经济文化交流的文物资料；四是因香山人在世界各地开拓奋进、敢为人先而留下的文物和文献资料；五是反映中山近现代城市建设和工商业发展的实物资料。我们逐一进行分析后发现，反映中西文化交流和普通香山人开拓创业以及建设家乡的物品存世量较大，可以列入重点征集的清单，而关于古代香山开发的文献资料、官府对澳门和商船的管治文书档案和与特定人物或特定历史事件相联系的物品基本上已被相关机构收藏，征集难度较大，需要调查清楚在各地场馆的收藏情况，以便进行仿制。

为此，我们特意到中山人较为集中和档案资料较为丰富的上海、香港、天津、北京、唐山、南京、广州等地查阅档案资料，列出每个收藏机构的相关清单目录，同时通过以往研究梳理相关线索，并通过互联网搜集世界各地的收藏机构的相关藏品目录。当展览进入深化设计阶段，我们也已经过几年努力，征集到一批有针对性的藏品，依旧没能征集到的，则根据清单目录，挑选最有代表性的文物和文献档案，联系相关收藏机构进行仿制。例如，反映香山文教发展的《文殿试小金榜》，反映香山地理变迁的清嘉庆二十年至同治五年间《广东省图》之《香山县图》，反映官府管治澳门的香山知县给发完纳地租银库收单、香山县丞为移驻澳门择地建署事行理事官牌，反映官府管治往来贸易船只的船牌，反映中华民国建立的代表性实物清宣统皇帝退位诏书和临时大总统宣言，反映香山人立足工商业发展的开平矿务局股票、开平煤矿章程、《轮船招商局账略》等文献资料反映了特定的历史信息，是展览需要展示的重要内容，又难以找到可替代的展品，因而通过仿制，以仿制品的形式较好地呈现给观众。

（二）素材贫乏怎么补

我们明白，展线叙事单靠展品、文本不足以完整准确地表达展览内容，还必须借助大量丰富的版面素材帮助观众理解。这些素材有的是辅助性的，有的则是不可或缺的关键性组成部分。古代香山遗存物证本就不多，相关文献和图形资料则更加稀缺，而近现代很多内容的表达同样离不开图形、照片资料的辅助，因此，版面素材收集一直是我们策展工作的重要事项之一。

1.通过田野方式到历史现场采集素材

我们展览的完善不限于研究工作和文本，同时也得益于田野调查工作的开展。一方面，展览内容涉及的部分古代建筑或自然风貌至今仍在，其中许多已经通过不同途径加以保护利用，这部分是有线索可循的。另一方面，很多未被记录在案的设施、建筑和人文自然景观则是在田野过程中发现，甚至特别进行寻访的。所有田野线索都成为制作阶段展览内容拓展完善的重要支撑，我们可以根据展览需求回到历史现场采集照片素材。

比如第一单元"海上香山蛮烟雨"，远古时期香山海中岛屿的自然地理环境是后来本地特殊历史面貌形成的重要条件之一，有必要让观众清楚明白且印象深刻地了解这一点。通过介绍海蚀遗址地质科普内容，我们可以直观地传达现代中山境内陆地上丘陵台地在远古时期其实是海中的岛屿这一信息。而在展示版面中，黄圃镇鳌山村石岭山海蚀遗址和沙溪镇圣狮村狮山海蚀遗址两处的现状照片素材，就是我们的策展人员到现场实地考察时拍摄记录的。

再比如第三单元"渔户田庐水城国"，其中反映围馆更楼的照片也是我们实地现场拍摄素材，再经过后期处理制作完成的。围是珠江三角洲沙田农耕经济中颇具地域特色的自然单位，源于人们在海中围垦沙田所形成的区域，大小不定，小的数

图3-20　现场拍摄的隆昌围原始照片素材

百亩，大的往往千亩以上，人们在其中生活劳作。通常在沙田围交通便利处临近基边开辟一块空地设立围馆，以便经营管理沙田与维持治安。围馆之中设有晒场及粮仓，还有用于守望的更楼。由于沙田的重要性长期未得到足够重视，很多相关形态已经消失。为了呈现相关的内容，策展人员走访了中山许多早期的沙田区，试图找到合适的素材，很多围馆区及建筑都已不复存在，甚至农地都已变作其他用途。经过筛选锁定了尚保留着围馆布局的广丰围、稻香围和隆昌围等三处，它们尚保留着围馆布局，最终选择更楼还保持着传统砖混结构的隆昌围作为取材点拍摄素材（图3-20），之后经过黑白处理才有现在展厅中围馆部分中更楼的照片。

图3-21　广州博物馆授权资料——孙中山先生为杨仙逸题字"志在冲天"

2.通过授权使用获取档案数字资源

获取版面素材授权其实是与获取仿制展品授权同步进行的，只不过这部分不需要特别制作成实物。在展览筹备阶段，策展团队在不断完善展览大纲、构思展示内容的同时就在搜集相关资料信息，汇总所需素材清单后由专人负责发函到各收藏机构沟通获取。其中情况也比较复杂，整体上大多数机构只需发函说明事项、签署使用协议即可提供所需资料，部分需要支付适当费用，也有价格非常昂贵的情况，有的则只提供付费仿制不提供数字资源授权。获取的资源质量也不尽相同：有的素材质量高且相关信息非常完备，可以满足各种用途；有的则只有有限资料，比如欠缺准确尺寸，用于仿制效果一般。大多数情况下都会要求不得给第三方使用，而所获得的授权都可以同时满足仿制、展览版面及相关宣传出版等需求。

中山近现代历史方面的素材，中山本土机构的资源较为丰富。我们展览中涉及的革命先烈、历史名人以及本地沙田农耕、城市建设、交通水利、商贸百业等内容素材得到了孙中山故居纪念馆和中山市档案馆的大力支持。

部分特定的文物资料则必须向专门的收藏机构获取，比如华侨历史内容中介绍我国革命航空先驱杨仙逸将军时，需要用到一级文物——伟人孙中山先生为其题字"志在冲天"的素材（图3-21），为此我们专门沟通其收藏单位广州博物馆以获取该件文物的数据资料。

3.充分利用现有公开出版物中的素材

展览所需涉及的许多素材事实上已经有公开出版物发行过，如确实无法获取原始资料，我们就购置所需图书，再从原版图书上高清扫描获取相应的素材。一般来说，这些资料类的图书或者图书中所呈现的资料早已超出《伯尔尼公约》保护期限，并不会构成侵权。

比如第四单元"镜海扬帆立潮头"涉及澳门的部分，为了说明明清时期中央政府在行政、军事、司法、贸易等方面对澳门的全方位管治，使用了《澳门纪略》中的澳门正面图。图中呈现了关部行台、县丞衙门、澳门同知等官署及税馆、税口等设施的分布。

又比如展览中第三单元中的罾网捕鱼，第四单元中的濠江渔娘、南海的帆船与小艇及澳门建筑等多处使用乔治·钱纳利的《澳门》图录中的内容。长期居住在澳门的英国画家乔治·钱纳利创作了大量取材于澳门及周边地区的画作和素描手稿，对于了解和研究清后期珠江口附近的风土民情具有重要意义。由于形象直观且具有艺术性，其作品的运用在丰富展览内容的同时也提升了视觉效果。

此外，有的部分没有可以用来呈现的直接素材，比如第二单元"安民易俗成村聚"讲古代香山早期发展基础银矿开采和盐场两资源时，并没有香山本地图形素材来直观说明。在这里我们借用了《天工开物》中开采银矿图和海盐生产工艺相关图示，既丰富了展示内容又科普了古代采矿和海盐生产的相关知识。

4.通过网络搜集获取开放版权的数字资料

随着时代的进步和数字化技术的成熟普及，近年来国内外各大图书馆、博

图3-22 香港海事博物馆藏《真蒂洛尼家族原藏中国贸易港绘画系列之澳门》

物馆及档案机构陆续将馆藏各类历史资料进行数字化处理，并将成果在互联网上开放分享，使公众能够获取这些有益的资源。我们在策展过程中，从中搜集到很多有用的珍贵资料作为展览素材，从而大大丰富了展览内容。

比如第三单元介绍拍围，使用的是哈佛大学图书馆藏《赫达·莫里逊的摄影集》中的摄影作品；第四单元呈现澳门全貌，使用的是香港海事博物馆藏《真蒂洛尼家族原藏中国贸易港绘画系列之澳门》（图3-22）；第四单元表现广州和澳门之间水路沿途风物，使用的是大英图书馆藏《广州至澳门水途即景》之中的几帧；第五单元介绍同生照相馆则使用中国国家图书馆藏《京张路工摄影》中的内容。

（三）内涵浅薄如何挖

1.还原文物背后的历史面貌

"风起伶仃洋——中山历史陈列"第一单元"海上香山蛮烟雨"相对于其他单元缺乏相关场景或历史复原展项，多是陈列的出土文物。如何通过这些文物讲好香

图3-23　镂空圈足彩陶盘

山（中山）故事，又如何将这些陈列的文物背后所反映的历史面貌展现给观众呢？

　　由于缺少远古时期（先秦）香山相关的文献记载，所以必须从出土文物着手，通过深入研究开始慢慢揭开香山先民在衣食住行和精神生活等方面的历史原貌。中山地区出土了较多新石器时代石斧、石锛、石锤、石网坠、石刀、石拍、砺石、饼形石器和彩陶器等。在沙丘遗址出土较多的石网坠，是香山先民结网捕鱼不可缺少的工具。还有一件有段石锛，单面刃，背部偏上有横脊，将锛分成上下两部分，上部可装柄，是当时主要的生产工具。虽然不能证明此锛是用来农业耕种，但用来挖掘植物根茎等应该没有疑问，这应属于采集食物的生产方式之一。除此之外，石器中还有砍砸器、刮削器、尖状器等，根据其出土地点和用途研究，应是用来进行渔获加工等的。而石球、石矛等，则是先民打猎的主要工具。大量石网坠、石锛、砍砸器、刮削器、尖状器、石球、石矛等的出土说明此时生活在滨海地带的古代中山先民过着以渔猎和采集为主的生活，可称之为"依海而生"。以上石器都是先民在获取食物方面的生产工具，而在饮食方面，当然少不了盘、豆、碗、釜、罐、瓮这些陶器了。其中，龙穴遗址出土的新石器时代彩陶盘、豆、碗最具代表性，也可以说是我馆的镇馆珍品之一。镂空圈足彩陶盘（图3-23），二级文物，通高8.5厘米，口径24.5厘米，腹径26.1厘米，底径23.3厘米，腹深6.3厘米，圈足高4厘米。泥质红陶，盘身外部上中下各用赭红色颜料绘一周条带纹，中间上下两条空隙带分别彩绘一周圆点、S形纹。圈足表面中部彩绘波浪形纹，并刻划一周长短线组合成水波状的曲折纹。在曲折纹上下两侧分别镂孔，共四周，每周水平等距分布18个孔，共有72个孔，水平孔距4厘米，孔径0.3—0.4厘米。圈足底部彩绘条带纹，内部也施有条带纹和间断水波纹彩绘。

划水波纹彩陶豆（图3-24），二级文物，通高12.2厘米，口径14.6厘米，底径11厘米，腹深8.8厘米，圈足高4.2厘米。泥质红陶，豆身外部口沿下用赭红色颜料绘一周条带纹，下方刻划一周完整的上弧水波纹。豆腹紧邻刻划纹上下各有一周水波纹彩绘，豆腹中下部彩绘有圆点、S形纹，并有几处纵向刻划的短水波纹。圈足上下部各彩绘一周条带纹，中间彩绘一周水波纹，并刻划一周下弧水波纹。刻划纹上方镂有4个小孔，未穿透，孔径0.1—0.2厘米，呈水平间距不规则分布。器物内部无施彩绘装饰。

划弦纹彩陶碗（图3-25），三级文物，通高7.5厘米，口径12.6厘米，腹径13厘米，底径10.8厘米，腹深4.4厘米，圈足高3.5厘米。泥质红陶，碗身外部上下两端用赭红色颜料各绘一周条带纹，中部绘复杂的长短线结合的曲折几何纹。圈足刻划一周弦纹分其为上下两部分，上部彩绘篦齿纹，并镂4个小孔，呈水平间距不规则分布，弦纹下部彩绘一周条带纹。器物内部无施彩绘装饰。

划水波纹彩陶豆（图3-26），三级文物，通高11.1厘米，口径14.7厘米，底径11.1厘米，腹深7.5厘米，圈足高4.5厘米。泥质红陶，豆身外部口沿下方从上至下刻划一周弦纹和一周直线和波浪线组合成的不规则水波纹。紧邻口沿下方和腹部下方各用赭红色颜料绘一周条带纹，刻划水波纹下方彩绘一周类似叶脉纹相交组合成的曲折几何纹。圈足刻划一周弦纹分其为上下两部分，上部彩绘篦齿纹，并镂4个小孔，孔径0.2—0.3厘米，呈水平间距不规则分布。弦纹下部彩绘一周宽条带纹。器物内部无施彩绘装饰。

图3-24 划水波纹彩陶豆（上）
图3-25 划弦纹彩陶碗（中）
图3-26 划水波纹彩陶豆（下）

图3-27　春秋时代方格纹双内系陶釜

　　彩陶器造型规整，装饰特点别具一格，极富动感和美感，可谓新石器时代的艺术品。镂孔、刻画、彩绘装饰组合在一起，具有均齐、平衡、变化、统一等特点，在构图方面以"点线面"的方式构建以海洋元素为主体的美丽图画。刻画、彩绘众多水波纹，是海洋波浪高低起伏或缓急有序的写实描绘，也是生活环境在日常生活用器上的一种直接体现，可以看出香山先民已经具有自发的自然观察意识和审美情趣，这应属精神生活方面的内容。除此之外，以水波纹为重点的纹饰，透露着先民对海洋的崇拜与敬畏，祈求风调雨顺的美好愿景，海洋文化及其相关思想观念自此开始萌芽，也可以说龙穴遗址是香山海洋文化之源。在饮食器物中，还有一件方格纹双内系陶釜（图3-27），年代为春秋时代，灰褐硬陶，敞口，折沿，鼓腹，圆底，口沿内有双系，腹部至底部饰斜方格纹。整体造型古朴，构思巧妙，特别之处在于用于系绳的双系设置于口沿内部。这样做有其特别用途，不仅可以系绳方便提起移动，而且可以系绳进行吊烧炊煮而避免绳子被烧断，可见古人的智慧和创造力。

　　除饮食外，在衣方面，出土石器中也有不少石拍，两面刻有细槽。经研究，其装上手柄后多被用来反复捶打树皮使其纤维变软便于制作树皮衣。在远古时期，先民在长时间的劳作生活过程中，发明了用植物树皮为原料经过拍打技术加工成布料，并用布料制成树皮衣。以上石拍的出土，说明四五千年前的香山先民已经懂得制作树皮衣来保暖和遮羞了。在行的方面，在策展部分已经提到，在珠海高栏岛宝镜湾发现的摩崖石刻岩画中有舟船等形象，说明当时的香山先民已经懂得制作舟楫并出海与周边地区进行交往。在住的方面，从沙丘遗址所处的地理位置可知，当时的香山先民多住在海滨沙丘地带。这种地理特点，决定了先民居住的地方会常年遭受风雨的洗礼，尤其是台风对居住房屋的破坏性很大。因此遗留下来的居住遗迹极其少见。但出土的遗物中有陶支座、红烧土块等，说明先民在此过着长期的定居生活。

　　除了先民的衣食住行等，他们与外界还有交往。出土文物中有商代穿孔石戈、商代陶壶、战国时代蟠虺纹陶釜便是很好的证明。穿孔石戈为直内，有圆形穿孔，上下均有阑，援较宽，上下刃不发达，不出锋，直刃。可见此戈不具有实战价值，应为一种礼器。这种礼器的出现，反映了此时的香山受到了中原王朝在礼制等方面的影响，这种影响又大大促进了香山与中原文化的融合。陶壶为黄褐色釉陶，侈口，束颈，溜肩，垂腹，下腹内折，矮圈足外撇。上腹刻画"II"形符号。此件拍印条纹釉陶器是粤东浮滨类型文化遗存的典型陶器，它的出土，说明在三千多年前，粤东地区的古代居民已懂得乘舟沿着海岸到达西部的珠江口区域的海岛上活动，反映了香山先民与周边地区产生了交流。蟠虺纹陶釜器身装饰着方格纹和蟠虺纹的组合纹，花纹复杂而又和谐统一，美观中又透露着一种神秘威严。图案线条粗细匀称，印痕清晰，显示出精良的拍印技术。蟠虺纹是几何印纹硬陶发展到鼎盛阶段的主流纹饰，也是北方青铜文化的影响在岭南陶器上的反映，说明此时岭南地区与北方青铜文化地区交流比较密切，但同时保留了本地的特色。所谓蟠虺纹就是小蛇形象的神化，虽然受到北方青铜器上夔龙

图3-28　明"嘉靖贰年秋香山教谕颜阶奉提学
副使魏命造"铭兽面纹铜豆

纹的影响，但它来源于百越族对蛇图腾的崇拜和信仰。当然，以上揭示中山出土文
物背后历史面貌的诸多研究成果并不能完整地展示给观众，只能依赖于版面文字、
背景画等辅助展项和讲解员的解说了。

　　我们梳理馆藏的时候，发现有一批明清时期的铜器，从器型上看，基本都是礼
器，但文物账上对其来源的描述信息很简单，仅记载为1986年由图书馆移交，更
多的信息就没有了。我们试图从器物的铭文上下手，一探究竟（图3-28）。在这些
器物当中，有9件豆类器，纹饰有两种，一为腹部饰以回纹为地的凤鸟纹，捉手处
饰波浪纹，圈足所饰似为卷草纹，共3件；一为腹部饰兽面纹，捉手处饰回纹，圈
足无饰纹，共6件。其上均刻有铭文："嘉靖贰年秋香山教谕颜阶奉提学副使魏命
造。"我们在翻阅大量文献之后，终于在明嘉靖《香山县志》上找到这样的记载，
"无量寺在县治东北，旧在县东，有五十步，本刘中行宅。乾道中，掘地得铁佛，

遂舍宅。县令范文林建寺，萧惠叔又捨铜佛一躯。洪武中，僧本廉徙千寿山下，因宝庆寺旧址，后废。永乐七年，僧会祖重建。嘉靖二年，提学道行文，教谕颜阶毁铜像，铸笾豆二十四，以祀文庙"。可知这批豆类器为学宫的祭祀礼器。随后我们对这批豆类器的源流进行梳理，发现其为成立于民国时期的中山县文献委员会所收集，由于该会后与县图书馆合署办公，该批豆类器便收藏在图书馆，在博物馆成立后移交给了博物馆。

根据县志记载，我们又对该批豆类器的铸造背景进行挖掘，发现它们是明正德、嘉靖年间广东提学副使魏校毁淫祠、兴教化这一历史事件所遗留下来的直接物证。由于该事件拉开了珠三角地区礼仪演变和国家认同建构进入新阶段的序幕，并与地方士人建立家庙、祭祀祖先的主张相结合，使得祖先祭祀成为正统化的礼仪，边缘的珠三角地区因而得以归入国家"礼教"的秩序之中，地方社会完成了与国家的整合，因而对岭南地方社会产生广泛而深远的影响。这批豆类器也因为反映了这一重要历史事件而显得弥足珍贵。

同时，我们还了解到，无量寺是南宋以后香山地区最有代表性的寺庙，无量寺铜佛称得上是香山地区佛道、巫觋盛行，遍地寺庙庵堂，儒学不兴，教化不昌，地方依赖民间信仰维持秩序时期的产物。而铜笾豆是地方官员力图结束这一状态，主动打击淫祠，普及儒家教化，重视儒教礼仪的产物。明嘉靖以后，香山地区儒学逐渐兴起，文教逐渐昌盛。铜笾豆作为魏校毁淫祠、兴教化的产物，是开启香山文教进入蓬勃发展新阶段的见证物；作为文庙祭器，同时也是香山文教进入新阶段后逐渐昌盛的见证物。通过深挖内涵，这批豆类器也由不知道用途的普通文物一跃而成为我们的镇馆之宝。

同样来源的祭祀礼器当中，还包括 21 件铜爵（图3-29）以及三件铁尊。这21 件铜爵刻有相同的铭文："乾隆三年仲冬吉旦（虔）制　香山县学"。而在馆藏文物修复过程中，我们还发现三件铁尊——山尊、象尊、牺尊——也刻有一模一样的铭文。起初三件铁尊并未引起我们的重视，主要是因为三件文物修

图3-29　清"乾隆三年仲冬吉旦制"
款回纹铜爵

复之前保存状态过于残破。象尊断裂成两截，下腹部及四肢残缺，牺尊一只腿开裂，无法立稳，山尊锈蚀后层状剥落严重。三件器物全部都通体严重锈蚀，以至于完全无法辨认器物上面的纹饰，更未发现铭文。经修复后上面的纹饰及铭文才终于显露出来。这么多器物上的铭文都指向一个时间：乾隆三年。我们试图以铭文为线索，追溯清乾隆三年香山县学祭祀礼器有关的历史。然而《香山县志》等文献并没有记载与这批礼器铸造直接相关的事迹。不过，乾隆三年前后，时任知县李景厚先后主持创立南门正薰街义学以及榄山义学。这是香山县大规模建立书院的开端。在此之前，除学宫以外，香山县主要在明嘉靖初年同时建立了四处社学，正如铜笾豆所反映的历史背景。而从乾隆初期开始，香山县大规模扩建学宫，兴办书院，对文教事业的重视与投入超过以往任何时候。在这样的背景下，文庙祭祀礼器必然讲究。

　　文教投入的背后必然反映的是经济发展。宋元时期，香山县尚处于待开发的阶段，《元一统志》云："香山为邑，海中一岛耳，其地最狭，其民最贫……"〔14〕明代，随着王朝秩序在香山的再次奠定，香山因卫所屯田，沙田开发，社会经济发展加速。不过终明之世，香山始终处于下县的位置。〔15〕进入清代，香山北部及南部广阔海域继续延伸出海量沙田，成为香山经济社会发展的重要推动力。〔16〕据清乾隆五十三年洪亮吉《乾隆府厅州县图志》记载："香山县，繁疲难，北至府二百二十里。"〔17〕道光《香山县志》记载："及国朝休养生息，户籍滋殷，于是（香山）与南、番、顺、东等同列大县。"〔18〕这表明至清乾隆时期，香山县经过长期的积累，社会财富增加，人口增长，已经成长为广州府的一座"大县"。所谓"仓廪实而知礼节，衣食足而知荣辱"，崇儒兴学则属户口殷实的香山必然之举。香山县科举中榜人数相比于清初及以前有显著增加，士大夫群体规模空前壮大。而学宫的修缮或扩建在清代更加频繁，其规模达到鼎盛，祭祀礼仪自然也足够讲究。可以认为乾隆三年铜爵以及三件铁尊等学宫祭祀礼器的铸造，是香山县文教事业迈入新阶段的有力佐证。

　　华侨历史展厅中有几块牌匾见证了华侨社会的历史面貌。华侨在海外求生存，谋发展，从事农牧开发、矿产冶炼与服务业等基础性行业，为侨居地的早期开发作出了重要贡献。正如当时风靡中国商界的四大百货公司——先施公司、永安公司、新新公司、大新公司，共同缔造了近代百货零售业的传奇。中国近代四大百货公司之一的永安公司，其创始人郭乐于 1890 年前往澳大利亚谋生，起初是以菜园种菜与售卖为主。他通过几年的辛勤劳作，认为工字不出头，转向谋求经商创业。经过堂兄郭标介绍，他先到香山同乡马应彪、蔡兴、马永灿等人合伙创办的永生果栏工作。1897 年，稍有经商经验的他选择创业，与欧阳民庆、梁创、马祖星、彭容坤等人合股筹集 1400 英镑，接手一间破产了的华侨转让的"永安栈果栏"，并改名为"永安果栏"（图 3-30），担任司理（经理），由此开创了永安公司在澳大利亚的创业之路。

图3-30 澳大利亚悉尼永安果栏木招牌

　　它初期以经营水果为主，兼营中国土产，批发为主，零售为辅，坚持客户至上，有送货上门和赊账服务，主动为华侨提供汇款服务。随后，公司生意规模不断扩大，逐渐成为当地知名的进出口水果商和代理公司。永安果栏招牌承载了香山华侨在澳大利亚创业发展的历史记忆，蕴含着他们积极进取的商业智慧，是凝结近代华侨企业家精神的见证物。

图3-31   1881年时任清政府第二任驻美公使的香山人郑藻如为美国阳和会馆题写的"香邑会馆"牌匾

　　"香邑会馆"牌匾则是中山华侨社团创建与发展的一个缩影（图3-31）。
1852年，以香山、东莞、增城、博罗等地的客家人为主的华侨在旧金山发起成
立阳和会馆，人数多达数千人，尤以香山人为多。清光绪七年（1881）"二品
衔郑藻如书"款"香邑会馆"描金木牌匾是清政府第二任驻美公使郑藻如为阳
和会馆题写的，长期悬挂于会馆厅堂。牌匾长284.5厘米，宽66.5厘米，厚4.5
厘米，以黑漆为底，刻出描金阳文"香邑会馆"四字。右刻"光绪岁在辛巳年
葭月"，左刻"二品衔郑藻如书"，并有"臣郑藻如"及"玉轩"的印章。牌
匾字体浑厚庄重，木刻精美。郑藻如，香山县濠头村人。清光绪八年（1882）
至光绪十二年（1886）曾任清政府驻美国、阿斯巴尼亚（西班牙）、秘鲁三国
公使，任内致力于保护华工，倡议创办如檀香山中华会馆、秘鲁中华通惠总局
等社团，维护华侨权益。阳和会馆成立后，以联络同乡情谊，以"同乡、同宗
之间的互助互帮、祈神庇护、恤死送终"为活动主旨，维护华侨权益。

2.挖掘文物背后的感人故事

在"镜海扬帆立潮头"展厅中，有一个萧友梅使用过的书箱。从外观看，这就是一个很普通的木质书箱，但我们深入了解萧友梅的历史后发现这个寻常的书箱背后藏着不寻常的故事。上海沦陷之后，担任国立音乐专科学校校长的萧友梅多次请求将学校迁往内地，但均未获批，办学经费又常常没有着落。为了振兴中华音乐苦苦支撑的萧友梅终于忧劳成疾、一病不起，于 1940 年 12 月 31 日逝世。1941 年 1 月 11 日的《新华日报》刊登了《国立音专校长萧友梅在沪病逝》的简讯："国立音乐专科学校校长萧友梅，近在沪病逝。萧氏早岁受知国父，加入同盟会，三十年来，教授音乐，诲人不倦。抗战军兴，国立音专毁于炮火，奉教部命在沪继续兴办。虽环境艰苦，萧氏迄未稍息，近以敌伪在沪横行，环境日恶，忧劳成疾，终致不起。萧氏身后萧条，几无以为葬。"[19] 短短百来字的简讯，把萧友梅的生平和呕心沥血办学的事迹勾勒了出来。萧友梅逝世后，由于没留下多少财产，家人为了维持生活，不得不变卖家里有限的财物。他的儿子萧勤曾回忆："父亲过世时，家里非常穷困，母亲不得不卖家具以维生。父亲的著作，许多珍贵的书籍也都论斤卖给收破烂的。"[20] 几年后，萧友梅的夫人也因病逝世，留下一双年幼的儿女。也因为这个原因，萧友梅身后遗物大部分都散失了。这个书箱是难得保留下来的其中一件。而它能够保留下来，其中经过既曲折又温情。萧友梅逝世后，有一批图书资料，以及两个木镶玻璃书柜和 10 多个装书用的小木箱非常幸运地经吴伯超（1943—1949 年任国立音乐院院长）之手，保存到了南京的国立音乐院图书馆。新中国成立后，这批图书资料连同书柜、书箱从南京搬到天津，再从天津搬到北京。20 世纪 50 年代由萧淑娴（音乐家、萧友梅侄女）出面，以萧友梅子女的名义将其捐赠给中央音乐学院图书馆。为表示感谢，院长赵沨回赠一架钢琴给正在北京师范学院学习音乐的萧雪真（萧友梅之女）。后来，中央音乐学院先后将书和书柜、书箱转赠给了上海音乐学院图书馆。[21] 2010 年上海音乐学院又将其中的 1 个书柜、2 个书箱捐给

了萧友梅家乡的中山市博物馆。萧友梅身居高位，本可以无需如此贫困，但他为了音乐、为了办学，无怨无悔。他爱书如命，经常卷不离手，身后"除书籍外，别无积存"[22]。萧友梅在上海办学期间使用的这个普通书箱，我们看到它，就仿佛看到他苦心孤诣坚持办学的岁月。此后一代代的传承，也让我们看到音乐人对萧友梅业绩和历史贡献的肯定以及对他遗物的珍视。不管是萧友梅的故事，还是书箱传承的故事，都非常感人。因此，虽然物件本身很普通，但我们还是把它作为重要的展品予以展示。

在"中国人必须留下"一节展柜中，有一枚普通的印章，是清政府驻秘鲁代理领事木印（图3-32），长 5.4 厘米，宽 3.7 厘米，高 7.6 厘米，部分字样因胶面老化残缺，仍可见其主要内容，上有中文"大清代理领□"、西班牙文"□ CONSULAR DEL IMPERI □"（帝国领事馆）字样，时间范围应该是 19 世纪末 20 世纪初，具体时间不详。这一枚看似普通的木刻印章却见证了秘鲁华侨社团在维护华侨内部秩序与代理领事馆管理华侨进出境的移民历史。

秘鲁是拉美地区华人华侨人数最多、移民历史最悠久的国家。1849—1874 年，是中国人移居秘鲁的第一个高峰期，约有 10 万名华侨漂洋过海前往秘鲁，香山华侨亦在其中。历经千辛万苦抵达秘鲁的华工，备受压榨和摧残，充满血泪和苦难。1874 年，清政府与秘鲁经过多次协商后达成了协议，双方签订《中秘会议专条》以及《中秘移民通商条约十九款》，为秘鲁华工的基本权益提供了法律保障，对其他海外华工受法律保障也产生了影响。然而，当时，清政府并未在秘鲁设置领事馆，多是委托华侨社团维护华侨的权益，效果并不理想。直到 1881 年，香山人郑藻如被任命为第二任驻美国、西班牙、秘鲁三国公使，并于 1884 年 6 月抵秘履新，就保护华工及维护华侨利益与秘鲁官方交涉，华侨在当地受迫害的状况才有所改善。

　　由于当时清政府驻秘鲁领事馆系统尚未完善，使馆人员配比较少，故采取组建社团的方式来代为管理华侨内部事务。华侨在当地办理出入境手续，就由社团代为办理出具"证明书（内含姓名、住址、出生日期、籍贯）"，然后盖上这样的代理领事印章，来暂时解决"签证"问题。这枚印章则有可能是在这一背景下制作出来用于华侨证明文件上的。

　　这枚印章的发现也是非常偶然的。2019 年 12 月，中山市博物馆新馆建筑正在加速推进，展陈大纲与形式设计也在有条不紊地开展。然而，秘鲁华侨的实物资料却较为缺少。为记录秘鲁华侨悠久的移民历史，搜集中山华侨社团在秘鲁的发展印迹，更加全面地展现中山华人华侨的海外经历，12 月初，中山市侨务部门、文化部门与中山市博物馆共同组成"中山市华侨历史实物征集访问团"，一行人前往秘鲁开展征集工作。在当地中山华侨社团的协助下，访问团前往离首都利马南部不远的一个小城镇寻找华侨的足迹。在一座废弃的中华会馆旧址"寻宝"时，征集组和当地侨领在偶然中"淘"到这一枚大清代理领事木刻印章。当时的侨领兴奋之余特意作诗一首：

他乡典故血泪史，
海外华人多故事。
百年耻辱无外交，
今朝中华已崛起！

图3-33　张鹏一写给李全仁的书法"和蔼可亲"横批

　　在侨房展示区域，一幅书法则表达了旅外经商的华侨老板与员工的深切情谊。张鹏一写给李全的"和蔼可亲"横批（图3-33），记录了一个非常感人的故事。张鹏一早年在石岐做生意，后来为谋发展前往檀香山继续经商。李全是张鹏一的得力员工，跟随他一起前往檀香山发展。张鹏一遵照母亲嘱咐，为这位性情温和、吃苦耐劳的员工提前预留好回国船票及生活所需费用，以便他能够荣归故里。

　　在华侨支持家乡公益展柜，一把锈迹斑斑的茶壶向观众诉说着它主人的伟大。这是改革开放以来中山华侨支持家乡教育事业的代表吴桂显先生所用的茶壶。吴桂显，祖籍香山县石岐员峰村，日本华侨。他在东京生活并不算富裕，生意也是几起几落。但是他认为祖国要发展，教育须先行。改革开放后，他一直慷

图3-34　澳大利亚华侨阮霭培家族使用过的龙凤茶具

慨捐资办学。其中1988年，吴桂显捐资1200万港元兴建中山大学孙文学院教学大楼、实验大楼和吴文陆图书馆，推动中山高等教育事业发展。同时，他还资助中山的中小学校。多年来，为中山教育事业捐资多达数千万元。由他发起成立的吴桂显教育基金会至今仍资助中山优秀学生。

　　澳大利亚华侨阮霭培家族使用过的一套龙凤茶具，则见证了其家族用茶具传承中华文化的经典故事（图3-34）。这整套茶具为瓷质，壶身及两盏茶碟均为龙凤纹粉彩装饰，并印有"囍"字，四周及壶把手均描金上色，瓷质细腻，绘画精美，附有竹编提篮，内有布质印花衬底，便于携带。而最初它的拥有者是阮霭培先生。阮霭培（1872—1954），澳大利亚珀斯地区著名侨领。1890年，他跟随同乡赴澳大利亚谋生，凭着勤奋好学、吃苦耐劳的品质，逐渐掌握了制作家具的手艺。1919年后，他创办了"金元家具厂""思华公司",成为澳大利亚知名企业家。

为了加强华侨之间的联系,在香山(今中山)华侨雷华、雷星池等人积极倡议下,西澳地区华人华侨于 1910 年成立了"西澳中华会馆"。恰在同时,阮霭培从墨尔本到西澳珀斯开拓业务,随即加入该会馆,并积极捐资捐物参与该社团的建设。这一时期,为了争取广大海外华侨的支持,孙中山派出特使出访澳洲,宣传革命思想,筹集募捐资金支持革命。阮霭培被公选为西澳中华会馆的劝捐员,积极发动乡亲捐献,并带头捐输,成为当地支持孙中山革命事业的有力推动者。后来,他加入国民党,被选为西澳普扶国民党支部委员,继续捐款支持革命事业,关心祖国命运与发展。

阮霭培的后人,分布在澳大利亚、加拿大等地区,仍关注华人华侨事务。如其女儿阮沙蒂、儿子阮雷、儿媳阮丽茹长期服务于当地中华会馆和华人社区。其子阮布仕参加了抗日战争,先后在香港、昆明等地抗击日军侵略。其女阮瑜珍,早年生活在内地,改革开放初期迁往香港创业,积极投身各类群众社团为乡亲服务,还积极捐款捐物支援家乡建设。该藏品是生活在澳大利亚珀斯的阮霭培家族后人一直使用的茶具。

3.挖掘文物中蕴含的人文精神

第二单元中"香邑人家"展示香山人生活起居相关内容,展品有桌椅、门窗以及屏风等。其中清"澳门联合造"款落地花罩(图 3-35)高 4.2 米,左右跨度 5 米,工艺精湛,造型华丽,镂雕多种吉祥寓意组合图案。整体通过梅兰竹菊"四君子"搭起框架,凤凰、仙鹤、喜鹊等站立枝头,装点其中,底部左右各两只梅花鹿遥遥相望……不禁让人们联想到喜上眉梢、鹿鹤(六合)同春等最美好的寓意。福庆连绵纹座椅、寿字漏窗亦同步展出。这些展品既是传统工艺的代表,也充分反映了人们的心理与地方风俗。

图3-35　清"澳门联合造"款落地花罩

　　馆藏有一把吕文成使用过的高胡，为1984年吕文成义子冯华所捐赠。我们仔细观察后发现，这把高胡不同于常见的高胡，它使用钢弦，采用圆形琴筒，同时又保留了传统二胡的音窗。传统二胡的音窗是调节音质的重要部件。有音窗的二胡声音比较集中、纯净、圆润，音量适中；无音窗的二胡声音比较响亮，但声音空散，圆润性不足，音质略差。可见，吕文成最初在二胡基础上创制高胡时，为保证高胡声音的音质，并未去掉音窗，无音窗高胡当是后期改良的。从二胡到高胡的演变并非一蹴而就，而是音乐家在实践中不断摸索的结果。这把高胡就是这一历史过程的珍贵物证。

　　吕文成演奏高胡，采取横向压弦颤指法，配合有力的行弓，综合运用捻揉扶滑，节律在意绪中悠动，音律在似准非准之间，似慨似叹，如悲如歌。早期的高胡演奏保持了中国古典音乐的节奏与气韵、重旋律重情感的艺术特征。[23]他的革新之举在当时被广东音乐"硬弓派"前辈批评为不中不西、离经叛道。从20世纪20年代后期开始，因录制唱片需要，吕文成开始大量创作粤乐作品。1932年，吕文成迁居香港，并逐渐与高亭、歌林、百代等唱片公司建立长期的合作关系，粤乐作品创作的数量大增。30年代中后期，他创作的《平湖秋月》《醒狮》《步步高》等逐渐成为国内广为流传的名曲，才使他在高胡、扬琴等方面的创新被香港和广东接受。经过以吕文成为首的音乐家们的努力革新，1925—1930年，由高胡、椰胡、中阮、琵琶、扬琴、洞箫、秦琴等组成的广东音乐出现，被称为"软弓组合"，其风格比较清丽、悠扬、活泼、柔美，"软弓组合"发展迅速，逐渐取代"硬弓组合"，成为广东音乐的主流。

　　吕文成不仅成功创制了高胡这种新乐器，还通过乐曲创作和演奏实践使高胡逐渐成为广东音乐最具特性的主奏乐器。乐器的革新，演奏艺术的突破，丰富的表现力，成就了独树一帜的"吕派"演奏风格，同时也确立了高胡在广东音乐中不可动摇的主奏地位。高胡成为广东音乐中的灵魂乐器，极大促进了广东音乐的发展。吕文成通过他的演奏和作品，成为我国高胡演奏艺术的奠基人。

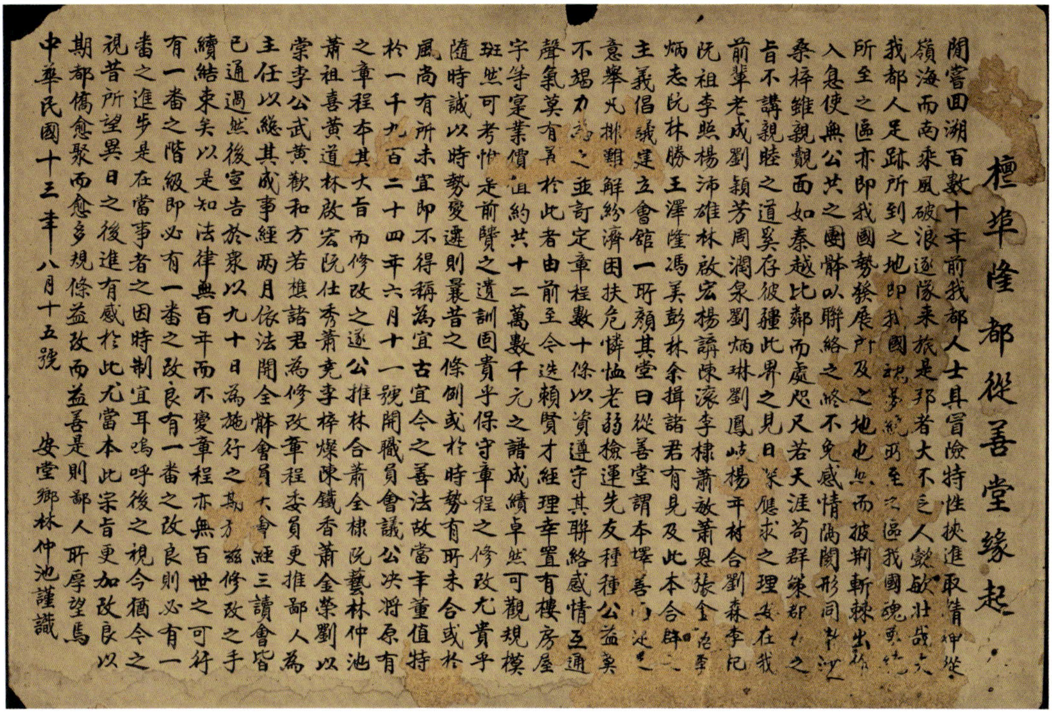

图3-36　1924年香山隆都安堂人林仲池手写的《檀埠隆都从善堂缘起》

经过一番梳理，我们对馆藏这把高胡有了全新的认识。它一方面反映出吕文成坚持民族本位，又不固守传统，敢于创新，在变革中继承和发展民族音乐的生动实践；另一方面也诠释了艺术无止境，反映出他敢于开拓，不断超越自我，勇攀新峰的探索精神。

华侨历史展厅中一件件文物讲述着华侨在外拼搏发展的历程，更见证了华侨国家观念的形成过程。晚清以前，华侨只知有宗族与家乡，缺少"民族"和"国家"意识。19世纪末20世纪初，由于康梁保皇派与孙中山革命派对广大华侨的大力宣传，海外华侨由原来关心家乡亲人的地缘血缘观念，逐渐发展为关心祖国前途命运、要求祖国独立民主富强的国家观念。这一转变过程在华侨社团的原始记录中也有佐证。1924年香山隆都安堂人林仲池手写的《檀埠隆都从善堂缘起》（图3-36），尺寸长76厘米、宽51厘米，详细记载了该会成立的缘由、宗旨、民族意识等情况。

香山隆都人移民檀香山的历史，正如"闻尝回溯百数十年前，我都人士具冒险特性，挟进取精神，从岭海而南，乘风破浪，逐队来旅"。提到组建社团的缘由，则是"披荆斩棘，出入息使，无公共之团体以联络之，终不免感情隔阂，形同散沙。桑梓虽亲，觌面如秦越；比邻而处，咫尺若天涯。苟群策□□之旨不讲，亲睦之道奚存；彼疆此界之见日深，应求之理安在"。从其宗旨来看，文中表示"凡排难解纷，济困扶危，怜恤老弱、检运先友种种公益，莫不竭力为之"。更为重要的是，该社团不再固守同乡之间守望相助的观念，发出"我都人足迹所到之地，即我国魂梦绕所至之区，我国魂梦绕所至之区，亦即我国势发展所及之地也"的时代声音。这表达出香山隆都华侨由同乡同宗情谊逐渐延伸到关注国家命运，传承国魂凝聚族魂的中华民族意识。随着华侨对祖国的关注与认同，他们积极参与孙中山领导的民主革命、投身到全民族抗日战争中去，用事实一次次证明了华侨与中华民族同呼吸、共命运的家国情怀。

展厅有一块俊英工商总会木雕门牌，用传统的雕刻方式表达着对家乡乃至中华文化的眷恋（图3-37）。俊英工商总会以团结乡亲，凝聚乡谊，共同为侨胞谋求应有权益为宗旨，支持祖国和家乡的各项建设事业。俊英工商总会木雕门牌，尺寸长179厘米、宽56厘米、厚6.4厘米，黑色，木漆，采用阳刻方式雕有多种元素，最下方的"BUILT IN 1867"应为该会创立时间，再往上的"669"应是该馆所在华埠企李街669号门牌，再往上则是以木雕技法描绘当时岭南农村地区较为传统的坡面砖瓦房屋，最上部则是以西式拱券元素为基聚集而居成片的房屋形状，中间为一大一小的帆船。木雕门牌通过这一主题将家乡与侨居地联系起来，表达出华侨对家乡的无限思念之情，也是社团巩固成员文化意识，寻求精神慰藉，争取生存与立足的重要见证。

图3-37　俊英工商总会曾悬挂在门口的
编号"669"的木雕门牌

（四）文物易损如何保护

藏品保护是展览首先应该考虑的事项。由于上展之前藏品都在库房保存，光照、温度、湿度等各方面的因素都适宜而稳定，且较少人为搬动，相对安全可控。上展之后展厅环境与库房环境大为不同，但藏品保护不能松懈。为此我们做了以下两方面的准备。

一是藏品本体修复保护。由于原生环境等因素，部分藏品入藏之前已经存在诸多病害，如金属藏品存在不同程度的锈蚀、断裂、残缺，大型房屋及家具构件常年积灰，而且有的结构已经变形、松脱，较为脆弱。其他质地藏品如陶瓷类、纸质类都存在不同程度需要维护的地方。形形色色的问题既影响展示效果，更不利于藏品保护。为此，博物馆以筹建新馆基本陈列为契机，加强藏品常规保护保养的同时，就已经启动了藏品修复保护工作。其中我们对铁器、银器等金属文物进行了除锈修复保护。几门清代铁炮由于体积庞大，过于笨重，进出库房颇为不便，所以我们量身定制了炮座，铁炮除锈保养后放上炮架露天展示。平日里不常见的古代铁炮一时成为市民拍照打卡的对象。此外木质藏品占上展藏品相当一部分规模，木质藏品主要为民俗农具、房屋家具构件等，木质藏品主要问题在于灰尘等附着物长时间未清理。长期的积灰让原本大户人家才用的金漆家具也显得黯淡无光。为此，我们进行了精心的维护保养，对木质藏品逐一进行清洗，尤其是各种精美雕刻工艺的门窗等，对每一条缝隙、每一个凹槽用棉签蘸溶液进行清洗。经过彻底的清洁，古老的文物重新焕发光彩（图3-38）。当游客走进展厅，无不感叹古人的家居生活如此讲究，而这背后是文物保护人员大量辛苦的劳动。纸质和织绣藏品也预先进行了清洁平整处理。虫害是有机质藏品普遍会遇到的问题，为此所有这类展品上展之前我们都进行杀虫处理。尤其是民俗物件，入馆前使用环境就不够理想，有些建筑构件有虫洞。例如"聚族而居"主题展厅中有件大型展品，为一座清代祠堂的梁架。该祠堂早已大幅

图3-38　清光绪二十七年刘瑞清经魁匾清洁前后对比

度改建为民房，但是祠堂的基本结构保留了下来。

　　在文物修复过程中还有意外收获。馆藏文物中，有三件铁器，分别是牛尊、象尊以及罍。三件铁器均通体腐蚀，严重生锈，甚至出现层状剥落。其中铁象下腹部和四条腿已经缺失，头部和身体断裂成两截。由于尺寸接近，锈蚀程度类似，我们怀疑它们是一组文物，然而严重的腐蚀程度导致无法从文物中获取更多有价值的信息。况且三件器物在不同时期入馆藏，来源不甚明了。然而随着三件文物开始修复，在去除表面锈蚀物之后，文物本来面貌终于显露出来，我们惊喜地发现三件铁尊均刻有铭文"乾隆三年仲冬吉旦　香山县学"。很显然，三件文物均为香山学宫祭祀礼器，铸造于清乾隆三年。关于铁尊的用途，根据古时文庙祭祀礼器的讲究，牺尊实醴齐，象尊实盎齐，山尊实清酒，初献酌牺尊之酒，亚献酌象尊之酒，终献酌山尊之酒，牛尊即牺尊，罍即山尊，显然三件铁尊是用于文庙祭祀时的盛酒器，显得格外重要，修复后还可以看到器物表面除刻有文字外还装饰着繁复而精美的纹饰（图3-39）。馆藏文物中还有另一组刻有同样文字内容的铜爵。联系到香山县清代发展历程，大概从乾隆年间开始，香山县社会经济繁荣，对文教投入更加重视。这

图3-39 清乾隆三年铁象尊修复前后对比

些学宫祭祀礼器就是香山文教事业发展的见证。通过这件事我们也更加认识到加强馆藏文物的保护与研究的紧迫性。

二是环境干预。华南地区高温高湿的环境对文物保护显然不够友好。春夏时期长时间的雨季，空气相对湿度长期可达 80% 以上，而基本陈列展厅大部分又在地下负二层，水汽聚集不易流通。为了尽量降低展厅湿度，我们给空调加装了干燥装置，在降低空气湿度的同时也尽可能降低空气温度。由于是新馆，装修污染无论对人还是展品的危害都不容小觑。因此除气温、湿度以外，我们还特别注意展厅空气中甲醛、甲苯、二甲苯、TVOC 的监测。检测结果表明，新馆展厅环境由于优异的通风效果，污染性气体远低于国家标准。与此同时，我们对展柜微环境也进行了监测和控制。小环境或者微环境保护，主要是文物展柜的温湿度控制。所有展柜根据展品材质制定展柜温湿度要求。至于温湿度的控制，能装恒湿机的位置我们尽量装恒湿机，装不了恒湿机的展柜则定期检测展柜温湿度。展厅中不适合装恒温恒湿机的展柜普遍体量偏小，这种情况下，我们先监测展柜中的湿度以及展品的状态，后期发现在潮湿天气有些展柜湿度偏高，我们投放一定量的干燥剂，顺利地解决了这一问题。

三、落地转化

从文本到设计到最终转化落地，是一场漫长的碰撞与融合。以呈现一个好的展览为目标，我们主要在以下几个方面做出了深度的思考，在一次次的讨论尝试、推翻重建中，探索出适合我们的方式，解决一系列地方基本陈列中常会遇到的落地问题。

（一）地方特色如何凸显？——"再造历史现场"的沉淀与创意

基于中山历史陈列与中山华侨历史陈列的学术背景与文本大纲，相较于通史展中普遍注重讲述历史"是什么""为什么"的内容，中山的历史陈列在此之外，还需重点呈现出人们是"怎么样"创造历史的，在空间中体现出人与坏境的互动，展示流动与发展的过程。

为了在固定的空间里呈现行进的历史，我们采取"再造历史现场"的策展理念，将展览空间设计为一系列历史情境，通过文物组合、艺术造境、多媒体运用等方式，在展厅里综合再现"田野"，演绎不同历史情境中人群的活动，以人民的故事谱写中山的历史。

近年来，沉浸式设计成为博物馆常用的设计理念。一个好的沉浸式设计不只是单纯的声光电装置，更应当如同主题乐园一般，运用所有材料与媒介做出独特的时空体验。所以，我们在落地中山历史陈列与中山华侨历史陈列时，决定采用学术与艺术相结合的方式，再造富有叙事沉浸感的"历史现场"。

闸门 　　**村口榕树** 　　**村口水井**

图3-40　村庄元素

1.造一方水土

　　长久的田野调查积累了大量民间素材，它们有的成为展品、有的成为艺术创作的灵感与依据。以中山历史陈列第二单元的民田村落场景为例，想要把一个村落完全搬进展厅里是不现实的，用核心田野文物串联起一个概念式村落，是我们的落地之道。

　　根据大量的田野调查素材，我们梳理出了岭南村落的布局要素。村口会有闸门、大榕树、水井；村里有核心要地祠堂，有岭南特色民居。这些标志性的地点，我们基本都有相关文物或实物，如水井、祠堂梁架和大屋花罩。于是，我们将这些物件按照其在村落里的实际位置，对应排列于村落内容展厅空间的前、中、后部，构成概念式村落（图3-40）。以此为基础，围绕这些物件我们再展开意向式造景。

　　在村口的部分我们搭建了闸门与榕树，水井置于榕树之下，尽可能地还原了这个物件在村庄中的实际位置。在其后方，我们选取了蚝壳墙、镬耳墙、屋檐轮廓等带有岭南特色的民居结构，形成一个提炼式的"历史现场"。方言相关展览内容，对应以版面和多媒体组合的方式展现其上。再辅以方言歌谣和环

镬耳墙

蚝壳墙

祠堂梁架

境音效营造氛围，让观众行走其中不仅能更好地融入民间村落中"人"的故事，也能唤起乡愁，进一步联想思考自身的故事。

在祠堂部分，我们的流线和叙事围绕祠堂梁架展开。祠堂梁架对于博物馆展厅空间而言，可以说是一个巨型展品，假如将其纯粹当作一个"文物"常规展示，基本其所在区域的全部空间只够放置这一样物件。为此，我们想出了一个"一物多用"的方式，让梁架既是展示文物，也是展陈结构（图3-41）。我们"大胆"地将梁架放置在其所在空间的中心位置展示，成为空间的视觉支点，让观众步入空间后能直观地被其吸引。

同时，在梁架的正下方和后方，我们分别合理置入了展柜和场景，在不影响梁架本身展示的情况下，将其巧妙转化为展陈结构的一部分。在一座祠堂里，梁架的后方常与墙面或木隔断等相连接，我们依此逻辑，将一个大的独立展柜放置在梁架后方的立柱之间，在其中配套展示本就在祠堂内部悬挂的科举牌匾、敕命木匾等文物。展柜的背面被用作后方场景的底板，梁架成为场景的"建筑结构"，共同构成了"菊花会吟诗抚琴"场景的背景。

确定了该祠堂梁架的展示方式后，祠堂的相关内容便能更好地在空间里有序展

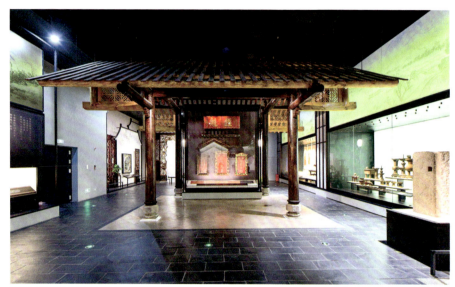

图3-41 梁架的"一物多用"

开。梁架的前方展线里，展出了地方宗族和祠堂相关的旗杆夹石、祠堂碑刻、书室碑刻、族谱、公尝会部等文物。这些看似平平无奇的素材恰恰是构建村落人群故事的重要载体，能让观众清晰看到祠堂的功能与村里的故事。梁架的左侧为特制的祠堂微缩模型，我们以中山本土知名祠堂为蓝本，将祭祀祖先、私塾教育内容纳入其中，展示祠堂的功能和文化属性，让观众对于祠堂，能知其然又知其所以然。

为了顺利将祠堂梁架运入展厅内，我们也提前与建筑方进行了沟通，在建筑负二层结构完成时，先通过大型吊机将梁架运入其中，再继续搭建建筑上方的结构。为了让梁架更为具象，我们还用比梁架颜色浅的木头复刻了其上方的屋顶，这样处理既能完整呈现建筑结构，又能有效区分出原件与艺术复原部件。我们也曾探讨过是否需要为梁架设计玻璃护栏，后经过专家的评定，决定采用裸展的方式，延续其允许被人群触碰的原初功能。

2.换一种视角

前一种再造历史现场，我们采用的是以田野文物为出发点，打造概念化历史现场的手法。但想再造历史现场，并不一定要依靠文物。在没有具体物件的情况下，我们也可以依托史料，做出想象与现实相结合的，同样让观众能身临其境的历史现场。

每一个粤港澳大湾区的博物馆，多少都会涉及海洋内容的展示。怎样区别于其他场馆，做出别有新意的海洋叙事？

在中山市博物馆的历史陈列展厅中，收获观众惊叹最多的空间，当数位于第四单元前方的分序厅。这个分序厅要营造中西交汇的氛围。我们考察了不少有同类内容的场馆，大家对于这一个内容点的展示多为打造一处微缩模型或实景空间，用油画、船模、多媒体等演绎西方洋船来到澳门、广州的场景。我们不想再做一个类似的空间，要如何突破？

最终还是选择了船作为切入点。已经有许多场馆把船的上方展示得淋漓尽致，

图3-42 换一个视角的叙事

但似乎还没有人对船底进行过展示。正如我们看历史一般，不仅要看表面的故事，更要观察底层的暗流涌动与草蛇灰线，不妨让我们尝试一下展现船底的世界，换一个视角讲述"十字门开向二洋"的故事（图3-42）。

于是，我们将分序厅设定为大海之下的情境，空间的视觉亮点不走寻常路，设置在了天花板上。我们在展厅的右上角用玻璃钢做了一艘迎面驶来的大船的船底，并延伸出劈波斩浪的水纹。为了落地这一创意，我们首先根据史料素材，明确当时大船的常见样式，结合展厅的空间情况，塑造出合适的船底造型。接下来的难点，在于用静态的造型呈现出动态的航行。处理好船底与水流的关系是其中的核心所在，我们参考了不少电影里的画面，尝试过钢材、泥塑、3D打印等方式，最终选择了用树脂和灯光配合的方式，打造这艘"破浪之船"。

树脂"立型"，我们用雕塑的语言大刀阔斧地造浪。灯光"点睛"，我们采用了内外配合的方式做出水流的质感。在树脂造型内藏有灯带，蔚蓝灯光在雕塑之浪中若隐若现。整个空间的灯光则用舞台灯和水纹灯搭配设计，外打灯与内置灯相互配合，静谧又流动，极力打造出海底世界的观感。再辅以洋流环境音效声，步入其中确有几分电影布景的质感。

分序厅的地面部分，我们在深灰色地板胶上印制了从香山辐射至整个十字门水域图，这样可以直观地展现这里的区位关系，也与其他单元的开篇艺术图形成整体呼应。

整个分序厅空间看起来在设计上是"空"的，但这份"空"反而更能带给人遐想的空间。观众进入这个空间后，仿佛变身为"历史的水手"，好奇接下来自己会寻到怎样的故事之中。

3.探一地究竟

展览在注重挖掘呈现历史中人物的故事之余，也注重为当下的观众带来人性化设计。在合理保护文物的前提下，我们打造了一系列开放式情境。中山历史陈列的近代石岐场景，便是一处打破了"第四面墙"的空间。

商铺类场景的传统做法是完整呈现商铺内的情况，但在门口处拉上警示线，观众只可远观，不可入内。这样的场景便于维护，但在今时今日，对于大众而言体验感欠佳。我们在设计近代石岐场景之初，便明确了要将这里打造为一个观众可以自由出入、自由互动的开放式空间。

有了大方向后，具体选择什么商铺进行展示是我们落地工作的下一步。一开始我们考虑过将场景的入口空间设置为近代石岐代表性酒店的前台，用可互动的"店小二"带领观众游历石岐。也基于中山有不少知名近代电影明星，资料也相对齐全的因素，考虑过在这里做一个真的可以坐下来看电影的空间。但由于场地大小的限

图3-43　不止于看的照相馆

制与流线规划的需要，这种大型偏封闭式的空间难以在我们的展厅内落地。

最终我们以"体现中山近代时代新风感"为标准，选定了照相馆、银号、茶楼、书店四处，打造开放式商铺。在设计上，我们不追求百分百还原这四个空间的历史模样，而是以它们的特点出发，把握其体现时代新风感的核心要义，将相关展示内容复合于其中呈现。

比如在照相馆里，我们以"拍摄"为要点，从摄影者与被摄影者两个角度出发，在这个空间中囊括了四块内容（图3-43）。一是近代中山籍摄影师，我们选取了五位有代表性的摄影师，借鉴摄影展的陈列方式，集中展出了他们的摄影代表作与相关摄影文物。二是摄影器材，馆藏的一系列摄像机与近代老照片得以在此空间组合展出。三是近代代表服饰，当年去照相馆拍照是百姓生活里的一件大事，大家往往会穿上最好的衣服，给自己留下状态最佳的照片。基于此，我们将近代服饰也融入这个空间展出，并辅以近代时尚杂志的封面，综合体现出近代风尚。四是互动摄影区，我们设计了一个观众可亲自拍摄老照片的体验展项，在仿近代影楼的背景墙前，大家可通过经改造的老式相机，留下自己的倩影，且能下载原图带走，让开放式空间不止于看，更能玩乐。

其他的几个场景也延续了这样的设计思路，各有各的"玩法"。银号的柜台、茶楼的餐台都是开放的，观众可以走进柜台里体验当银号老板的感觉，也可以和三五好友坐在一桌本地美食前，边听广东音乐边点评"美食"，一饱眼福和耳福。书店里则配套了可翻阅的经典中国历史故事小人书，让大朋友小朋友们得以在学中玩，玩中学，寓教于乐。

开放式的设计也让这里拥有更多展教、展演合一的可能性。目前这里已举办过剧本游、新春游园会等活动。相信在未来，这里可以开发出更多的打开方式，更有趣的互动"玩法"。

（二）空间不够怎么办？——因地制宜的超级变变变

由于博物馆建筑的设计建设与展览的设计节奏并不完全一致，在做展览时，我们时常会遇到空间与内容不完全匹配的情况。如何让既有的空间与展览更为合拍？如何将难点转化为亮点？在展览落地转化的过程中，我们也积累了一些方法。

1.起：没有"序厅"，如何开篇

如今的中山历史陈列中，序厅和第一单元内容共处一室，这在博物馆基本陈列中较为少见。序厅起到总括整个展览内容的作用，一般会是一个独立空间。在博物馆建筑设计没有启动之前，陈列大纲已经提前好几年开始编写。最初对于序厅的设想是这样的——"场景：香山岛一隅，元素包括山崖（海蚀遗址）、岩画（宝镜湾摩崖石刻）、沙滩（贝丘遗址）、滩涂、丛林花草、海水等，运用5D技术（运动、海浪、海风、浪花、香味），展现香山先民渔猎和生活情景，可运用元素有房屋、船、渔网、钓竿、标刺（观众体感互动参与渔猎）"，但在建筑设计方案出来后，根据展览总体规划和流线设计，序厅只能与第一单元融合，共用一个不到300平方米的空间。

面对这样的特殊情况，我们首先确保第一单元在内容与文物呈现上有合理的展现空间。排布之后，基本整个空间的墙面部分均需要用来承载第一单元的内容与文物。这意味着，我们的序厅将设定在展厅的中间区域。展览名称为"风起伶仃洋"，我们要如何在展厅中间拔地而起一个结构，既能概括整个展览，又与第一单元的叙事互相配合呢？

谜底有时就在谜面上。单从展览名字直观破题，这个序厅最好有起风的感觉，有伶仃洋的存在。确实，中山的地理区位是这里历史发展的核心因素，在伶仃洋畔，中山成长为中山。序厅的概念由此呼之欲出：海上香山。

古代香山由古珠江口海湾上的系列岛屿组成，其中最大的香山岛主体演变为今五桂山山脉及其四周丘陵。于是，我们选定五桂山群峰为序厅装置的造型，并将其艺术化处理。如何将群岛浮于海上的情景既考究又写意的展现，是一件需要不断打磨的事情。通过跟艺术创作人员的沟通，对海岛的大小、高低、山势、位置以及海面范围、水波纹样式、方向等等进行了精细的探讨，几经修改画稿才定型。

有造型了还得有气氛，在海岛之下我们做了不锈钢结构。它既是一个实用受力结构，支撑起了海岛沙盘，其如山体水下倒影般的塑形效果，又可以让海岛沙盘有一个悬浮于空中的视觉感。同时，我们还将烟雾装置隐藏在其中，在演绎模式时，可以通过水雾效果，展现出"海上香山蛮烟雨"的朦胧氛围。

在装置的上方我们设计了一条环幕结构作为天空，并用投影灯投出了一轮明月，以及在天花上布满呼吸灯打造出一片繁星，共同营造一种在烟波缥缈的大海上，香山岛屿星罗、海天一色的序厅意境。

序厅装置在空间里位于展厅的左手边，如果空间的中部仅有这一个立体装置，可行但多少有点"空间失衡"。我们的解决之道是在展厅的右手边做一个岛屿状的中岛，既让空间视觉平衡，也可以承载一定的内容（图3-44）。迎合当下比较热门的公众考古概念，综合考虑后，这里被设置为一个模拟的考古探方。之所以称为模拟，是因为真实的探方为方形结构，但将方形结构置入岛屿型中岛会不太协调，故还是依中岛形态打造了"模拟探方"。

探方外形有了，里面怎么设计呢？结合本地文化遗址和出土遗物特点，我们选择模拟出沙丘遗址探方的样子。原想在探方壁上画上一周一周地层线，但由于中岛纵深较浅，较难讲清楚这一点。最后决定在模拟探方内做几个高低不等的沙柱代表地层，同时沙柱也能作为出土遗物的展示台，附以文字说明让观众直观地理解考古地层和出土遗物之间的对应关系，以及遗物之间相对的早晚关系。由此，我们充分运用空间，做出了既有概念，又有内容的序厅。

图3-44 序厅与第一单元结合的展厅

2.承：充分运用非展示空间

位于一层的中山历史陈列第一单元与位于负二层的其他部分之间，由一条长长的楼梯作为衔接通道。面对这样的长通道，安全性是我们在设计时放在第一位的考量，楼梯的两侧均安装上了高度适宜的扶手，墙面也选择了柔和的色彩做肌理漆。

　　但这样一条漫长的必经通道，有点容易让观众在参观的过程中"出戏"，如何让长楼梯也成为我们历史叙事的一部分？

　　首先，我们想在长楼梯区域将贯穿全展览的海洋基调呈现。带有起伏质感的镜面水纹不锈钢，被我们选定为墙面一侧的装饰元素，它既可以抽象艺术地展示流动的质感，又不会对观众的行走造成视觉干扰，给人一种被水波默默包围的感觉

图3-45　让长楼梯也成为历史叙事的一部分

（图3-45）。楼梯一侧的墙面定为抽象展示渲染氛围后，另一侧我们打算做一点相对具象的内容。

如果以展览的时间线出发，将新石器时代至秦汉之间的内容填充于此，显然是不可行的。这一面墙的突破点，在于第二单元引子区域内容的选定。在进入第二单元前，长楼梯底部尽头的墙面上，我们将原来文本大纲中的一首唐代诗歌素材放置在这里。这是一首由诗人郑愚创作的名为《泛石岐海》的诗歌。将这个素材放在第二单元的开篇，原因在于其诗句"台山初罢雾，岐海正分流"中提及了香山的坐标景观。我们想用诗歌唤起观众对于接下来参观内容的好奇，并再一次呼应香山地区的海洋氛围。

鉴于这样的设置，我们觉得长楼梯的墙面不妨将该诗歌描绘的景观，进行

图3-46　展厅内与展厅外的展示关系

一个意境式的呈现——以《香山县图》为素材，在岐海中，在山之间，在这样的香山群岛聚落中，船儿正在漫行。以此为画面，我们用白描的手法设计了简笔草图，再以轻型的艺术金属线条，将一幅写意的画作跃然"纸上"。波光粼粼，船行香山，一条漫长的楼梯被赋予了诗意，不仅完成了展厅流线上的衔接功能，也实现了展览故事与参观情绪上的衔接。

对于非展示空间的运用，还有一处案例值得一提。做展览时除了展厅空间里的协调，有时也需要处理展厅内与展厅外的展示关系（图3-46）。比如在中山华侨历史陈列的第四单元，在"为世界和平而战"的内容展柜旁，有一整面落地玻璃。玻璃外是博物馆的园林景观，风景优美，但如果大面积的园林风景成为这块较为严肃的内容的一条视觉展线的话，多少会有一点跳跃。

图3-47　文物库房式陈列空间

为了既保证观展体验，又不完全隔绝园林景致，在这面落地玻璃上，我们蒙上了一层半透的背胶。背胶上有一系列抗战名言，让这面展览辅助线墙面承载了一定的信息量，同时半透的材质也可使窗外的园景若隐若现，在视觉上与本空间大量的红色系版面形成一种平衡效果。小小一举，实现多得。

3.转：为丰富的文物"量体裁衣"

虽然在做地方历史陈列时，我们常常会"抱怨"缺乏文物，但有的时候，我们也会面临在某个内容点上，文物不丰富的情况。中山华侨历史陈列中的社团空间，便是这样一处案例。

在得知家乡将要建设华侨历史陈列的消息后，海外的中山华侨十分踊跃地向博物馆捐赠了丰厚的文物，与社团相关的文物是其中的一个大项。这个内容点在华侨史中也是一个重点，在设计伊始阶段，我们已为该板块留出了一定的展示空间。

　　但如果按照常规的造景展示或者普通展柜来做这个空间，文物势必是放不下的，哪怕是经过层层筛选后的文物量，也比一般空间要多上许多。为此，我们将目光投向了展厅的纵向空间。

　　一般来说，展览的主要内容和文物会放置在观众视线高度上下的范围内，但鉴于本空间文物量的特殊性，我们认为可以尝试用文物布满整个空间。如果要实现文物环绕观众的感觉，圆形无疑是最为合适的空间造型。基于此，我们首先将原本设定为方形的造景空间，改为圆形结构。在这个圆形结构中，我们根据上展文物的大小、排列位置、组合关系等，设计了34个专属展柜，形成文物库房式陈列空间（图3-47）。相对大体量的文物被放置在空间的上方，虽然是仰视视角，但观众也能看清楚这些文物。中间部分主要为纸质文物的组合柜，同一社团或同类型的纸质文物被整合分类到一个展柜中，相对主题化地集中呈现。我们也尽量平衡横型展柜与竖型展柜的排列关系，在保证内容呈现的前提下，让文物的空间排布在视觉上也能有序舒适。

　　同时，我们也为这个圆形空间赋予了"同心圆"的内涵。在空间的顶部，我们

图3-48　寰球百货展区

设计了一个有网格状镂空质感的屋顶，它既代表着海外华侨社团的常见建筑结构，也表达了"有瓦遮头""团结一家"的寓意。观众步入其中，除能直观感受到被华侨社团文物 360° 环绕的震撼之外，也能从形到意体会华侨社团凝心聚力的精神力量。

　　圆形空间的设置也盘活了华侨馆的整体空间结构，原本纯方正的空间排布，因为在流线中段出现了一个圆形，多出了意想不到的空间体验感。在这个圆形空间外围是第二单元"寰球经营"，为此，该空间也改为了圆弧形展示。工矿产业、

服务行业与寰球百货（图3-48）这三块内容，被置入三个大型的圆弧式展柜中呈现。社团同心圆空间的外立面则成为第二单元的辅助展线，我们在其中依据史料与明信片、照片素材等，采用了蒙太奇手法，将不同的节日画面融合在一条唐人街上，艺术创作了一幅华侨在唐人街欢度节庆的大型插画。

行走在该单元里，一面你可以感受到中山华侨在海外各行各业中的勤劳打拼，一面可以看到不同时节里他们的欢聚共庆，由此共同构筑起画面感饱满、圆融的单元叙事。

4.合：为多层次的内容"分门别类"

中山历史陈列的第四单元，是内容最为丰富的一个部分。这个单元的前半部分，要展示"新航路开辟后，欧洲人向东亚扩张其贸易。来到中国的葡萄牙人最早在伶仃洋活动，后在濠镜澳落脚租地建房，澳门逐步成为欧洲人在中国贸易的主要据点"的内容。后半部分则要呈现"从此香山人大量被卷入澳门－广州的贸易活动中，成为中国最早开眼看世界，汇通中西，开放包容的人群"这段历史叙事。

第四单元的展厅空间是一个较为规整的长方形，在落地时如何分配内容是一个"技术活"。这里的空间"寸土寸金"，每一寸都要运用起来。

其中"敢为天下先"是这个部分的核心内容。为了展现香山人"敢为天下先"的高光时刻，除了展示内容外，我们还设计了大型多媒体展项。这个展项的设置，势必会占据较大的空间面积，意味着前后的内容在空间上都要有所让步。由此，第四单元的空间基本被左右等分为两块，左侧空间为"敢为天下先"部分的内容，右侧空间则要放下"十字门开""文明汇流"以及"走出香山"三块内容。

在进一步的空间规划上，首先"走出香山"是一个偏衔接型的内容，它展现了香山人走出去开眼看世界的情况，为后续他们在近代革命和社会转型中敢作敢为、引领风气之先的板块做了阐释与铺垫。于是在空间上，我们对应将其设计为一处 L 形衔接空间，承上启下。这也为"十字门开"和"文明汇流"的内容，留出了一个完整的长方形展示区域。在这个区域里，根据内容的比重、文物的数量等因素进行考量后，我们定下了两个内容的空间占比为 3 : 7。

这意味着留给"十字门开"内容的空间约为 30 平方米。该空间的落地转化难点在于，要在三面不大的主展线墙面里，交代清楚整个时代的大背景，以及澳门为何且如何成为欧洲人在中国贸易的主要据点。我们手头拥有的实体展品，主要是和船相关的各类画作，以及与澳门相关的一些文献材料。要把这块结合了大时代与小区域的复合型内容描述清楚，还需要一条更为清晰直观的线索。

地图，成为我们设计这个空间的切入点。在每一面墙上，我们均选择了一幅历史地图作为提纲挈领的线索，围绕其开展内容铺陈，让繁多的史料可以从一个原点有序拓展开来。

第一幅关键地图是广州府图，它回答了澳门在哪里这个问题。这幅图虽然比例不太准确，但讲清楚了从澳门到广州的地理关系，理解了这幅图便能理解"广州－澳门"贸易体系的基本区位逻辑。围绕这幅图，我们进一步用不同的地图展示了澳门的地理区位，用英国画家钱纳利绘制的香山县湾仔岛水上人家的油画具象化这个地区人们当时的生活风貌。

第二幅关键地图是教宗子午线图叠加新航路开辟图。这幅图位于其所在墙面的中间位置，我们采用仿牛皮纸质感的材料制作了这张图，并把新航路开辟相关大事件罗列于地图之下。在这幅图的前方，我们展示了一幅荷兰画家绘制的亚洲地图，其对于中国疆域的描绘并不准确，但已经将澳门定位在珠江口。随着新航路开辟，葡萄牙人到达澳门后，欧洲人对中国有了更深的认知，于是在第二幅关键地图后面，我们展开了澳门成为国际港城的相关内容。这些内容有中国人对此的认知，例如我们选用了屈大均的诗歌与《广东新语》内页进行展出；也有外国人对此的描绘，例如我们展出了 19 世纪描绘澳门风景的油画和钢板画，来体现当时澳门的城市境况。

第三幅关键地图是《澳门纪略》中的澳门正面图。用这幅图我们主要想体现明、清政府在行政、军事、司法、贸易等方面对澳门进行的全方位管治。所以图中的粤海关部行台、香山县丞、广州府澳门海防军民同知等官署被我们用显眼的色彩做了标识。地图下方展示了林则徐等奏报巡阅澳门抽查华夷户口等情折与香山知县调拨官兵的应用票，进一步佐证展现了这一个墙面的内容主题。

以三幅地图为线索，我们将内容进行了"分门别类"的有序展开。但光有三面叙事墙体，在视觉效果上看来，空间还是略显单调。为此我们在展厅中岛位置设立落地独立柜，展出了耆英号中国帆船与哥德堡号木帆船的模型。至于空间进门处作为通道流线的墙面，我们也没有"浪费"，除了用深蓝肌理漆统一空间氛围外，我们从史料《广州—澳门沿途风景图》的五十余张图画中，选出了六张图贴上，呈现了从广州黄埔途经顺德、香山到澳门的沿途代表性风景，让观众处于展厅的每一处，都能进入这段历史的叙事氛围之中。

（三）没有"东西"怎么做？——无米之炊的"烹调"术

与空间不够难题相对应的另一重困境，是没有"东西"。在地方历史陈列中，这可以说是一个普遍的问题。整个策展设计阶段，我们时常面临缺乏实物、史料文献、关联素材的情况，如何在"无米"的情况下烹制出餐？下面有一些我们的经验之谈。

1.当我们面对传说时……

南宋绍兴二十二年（1152），朝廷将香山镇设立为县，隶属广州府。这是香山历史上的重要节点事件，在"香山立县"这一板块我们需重点呈现在香山民间流传的"称土传说"。

相传在南宋绍兴年间，乡贤陈天觉推动建县。在择地建城时，陈天觉主张建在他的家乡库充，然而更多的士绅主张建在现今县城地址，于是有人建议称土抉择，"土重为贵"。结果士绅人群中有人私下掺入铁砂，赢得了这场择地之争。不过随着时间流逝，称土传说的情节发生了变化，称土选址变成了陈天觉主张的如今县城所在地和三乡雍陌村之间的争夺，陈天觉从上一个传说中的称土失败者变成了私下掺铁砂的人，从而成为称土择地建城的胜利者。

我们分析了两个称土传说流行的时间，前者首次出现于明嘉靖《香山县志》，

图3-49 "香山立县"内容展区

后者则出现于清末，而香山立县的时间点在南宋，相差时间都较为遥远。从结论看，称土传说只能是传说，但历史人类学的方法论提醒我们，不应简单地得出历史结论——称土只是传说，而应将称土传说作为历史研究的对象，传说流传的背后或许反映的是不同时期香山社会民间力量的成长。

面对这样一段复杂而重要，同时也缺乏展示材料的"传说"，我们选择的展示方式是不在版面中给出传说的分析结论，而是将传说的原始说法和后续效应进行呈现。

在称土传说中，一个关键的信息点是地点，于是我们以宋朝时的香山地图为底版，标出了传说里涉及的三处选址地点，并列出了三处地点作为县城选址可能的"优势"所在，让观众可以清晰具象地了解这场"竞争"。两个传说的来龙去脉，我们以传说原始文献搭配白话翻译的方式展出，为了让这个版面较多的文字生动一些，还搭配上了一幅争论如何称土的插画，并在版面下方的台面区域，放置了由当代艺术家创作的称土传说雕像，丰富对传说故事的展示（图3-49）。

　　我们也不止于呈现传说故事本身，不论立县有多少传说，最终选址建城是一个客观历史事实。于是，在该传说版面的后方，我们以中山目前仅存的旧城墙为参考依据，建造了一小段仿真艺术城墙，让观众在经历了称土争论后，见证城池的兴起。同时，我们也将明、清与民国时期香山县城的地图以时间序列的方式排列展示。从传说出发，围绕这个缺乏实物的内容点，我们以史料＋艺术创作的手法，构建出一个有延展性的小专题。

2.当我们缺乏文献时……

　　前面的"称土传说"案例是无实物有文献，在进行艺术创作时，还有着一定的材料作为支撑。而下面谈及的案例，则是一场在缺乏文献的情况下展开的创作战。

　　前文中已多次提及，中山历史陈列里的沙田部分对于中山发展有着重要意义却十分缺乏素材支撑。展厅的展示效果经过几轮推倒重建后，最终确定了以仿真全景空间为该部分的落地方案。

　　但定下方向只是落地的第一步，一个大型的造景空间，从具体景观、天花板地面乃至装饰的花草均需要推敲如何创作出对的质感。辽阔茫茫的大沙田景观，我们交给了十余米长的艺术背景画来展示，而踩在脚下的基围与近在眼前的水涌景观，这些离观众最近、最可感知的区域便成了实体造景中的重点所在。

　　我们设定观众在这个区域是行走在沙田的基围上，所以本部分的地面设计尽可能地还原了乡野土路的质感，在确保安全的情况下，我们将泥土路有起伏、有孔洞的特点做了出来，并根据在田野考察中观察得到的资料，制作了一系列路边植物，尽可能地创作出行走于基围上的真实感。

　　基围旁的水涌如何展示，则经历了多轮的探索。首先确定下来的是水涌与基围间连接的滩涂。因为在田野考察中，我们发现滩涂上有众多动物生态，比如有在其中生活的弹涂鱼和螃蟹，还有飞来捕食它们的鸟类，很有地域特色，

图3-50　以仿真水塑造的水涌场景

能勾起本地观众的回忆，也能吸引外地观众的目光，于是，在滩涂区域我们选择以实景还原的方式来展示。

接下来便到了连接滩涂与背景艺术画的水涌区域。流水，想必是无数场馆在做仿真景观时都会面临的一个课题。是要凸显水的动态，还是要尽可能的真实，或者是要展示它上面的承载之物？

一开始，我们想给这个相对静态的大型造景区一些动态的质感，提出了用投影打造一条"流动的水涌"的方案，让观众感受到沙田生生不息的活力。但如果选择该方案，水涌会成为展厅里的主视觉，其他区域为了照顾水涌的投影得全面压暗。为了锦上添花的效果，削弱了主要景观的展示，显然有点本末倒置，该方案被我们自我否定了。

否决了多媒体展示方案后，定下了做实体水涌的方向，但做实体也有许多材料可以选择。虽然不能真正地动态流动，我们还是希望水涌能有相对轻盈的质感。水涌后的艺术背景画，最好也能借力水涌，获得更大的延伸感。基于这样的出发点，在实验了好几种材料后，我们选定了树脂作为水涌的塑形材料（图3-50）。

　　结合背景画水面的色彩，我们调配了水涌的颜色，让二者更好地衔接。树脂塑形后，有一种类似镜面的效果，让艺术背景画在其上多了一重倒影，由此在视觉效果上得到了不错的延展感，使得造景区域更为接近"辽阔茫茫"的质感。

　　为了更好地在静态环境中营造动态感，放置于水涌上的捕鱼景观，乃至游动的小鸭子旁，我们都刻画了水波荡漾的效果。以艺术画为背景，滩涂为前景，并拥有倒影效果的捕鱼景观，也在建造完成后，成为展览在网上广受观众"自来水"宣传的必打卡景点。

四、设计手法

（一）点：创意策划，沉淀设计

1.陈列设计——呈现文物的底蕴深度和情感温度

　　在中山历史陈列方面，我们通过"加法"和"减法"的文物陈列方式，打造文物的"历史现场"，以此来呈现它们的底蕴深度。

　　历史陈列有部分文物对于体现本地的历史发展进程有着重要的意义，但对观众而言稍显陌生，例如第一单元中的新石器时代石器与陶器。以往博物馆在展示这块内容时，常会使用复原场景的方式，来体现石器与陶器在当时是如何使用的。受限于空间，我们无法在第一单元制作大型的场景，甚至在展柜内也

图3-51 "文物+插画"的二维创意

没有足够的余地制作微缩场景。于是,我们采取了"文物＋插画"的方式,二维创意也可以构建出文物的"历史现场"。

根据内容与文物排布,我们在版面上结合文物设计了石器打制、鱼镖捕鱼、石网坠使用、陶器储水四幅人物剪影插画,将文物巧妙与插画配合,既能使这些器具的使用方式一目了然,做到可视化信息传达,又充分利用了纵向的版面空间放置文物,让展柜内的陈列设计更具立体感(图3-51)。

我们采用的另一个陈列手法是"文物－展柜",在开放式情境里隐藏展柜,使文物可以更妥帖地融合其中。例如在第五单元的近代石岐场景中,我们让药品文物、食品器具文物的展柜"变身"为中西药局、杏仁饼店的柜台,消解了展柜的存在感,让文物更好地和情境结合,获得更生动的展示效果。

在中山华侨历史陈列方面,相对充足与多元的文物,让我们可以在这里直接由文物再造"历史现场",凸显文物的情感温度。我们用文物为主体构建场景空间,

图3-52 "沙田大开发"Cave全景沉浸空间

例如在侨房场景空间中，90%以上的造景由华侨文物组成，从地面到花窗，从饼干盒到缝纫机，乃至化妆台和上面的粉饼盒均为文物。饱含故事的物件，构造出有温度的情景，在有限的空间中带给观众无限的情愫。

2.展项设计——让历史生动起来

近年来，观众对博物馆的互动性、体验性有了更多更高的需求，为此，我们也在展项的设计上有了更进一步的考量和设置。在中山历史陈列中，我们设计有两处大型的沉浸式展项，一处位于第三单元的开头，一处位于第四单元的中间。

第三单元我们设置了一处"沙田大开发"Cave全景沉浸空间。沙田对于大多数人而言是一个陌生的概念，虽然我们已经将这部分空间做了场景还原，但想要描述清楚沧海如何变桑田，全景影片的效果会更为直观。我们将屏幕设置为环幕＋地幕（图3-52），观众的观影区在地幕的上方，可以形成一种如同搭着小船经历沙田变迁的体验。

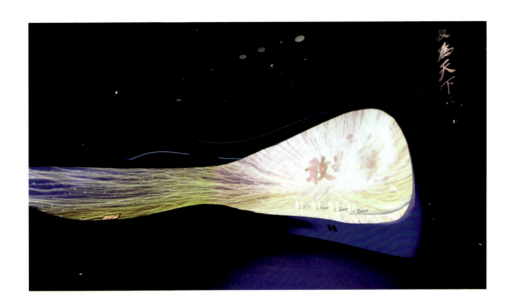

图3-53   "敢为天下先"主题剧幕装置

　　第四单元的"敢为天下先"主题剧幕装置，我们做出了复合式设计（图3-53）。前文也有提及，此处是全馆的高光点所在，所以我们将展项的体量做了放大处理，设计了一个大型的波浪式结构作为沉浸影片的载体。这一设定会带来两个问题：一是处于非播放状态时，大体量结构的日常展示状态如何设定；二是大型展项"占用"了内容的展线，如何合理排布展出内容。

　　我们将两个问题一并解决。图文版面被转化为电子版面，在日常非播放状态时，展览的内容会在此波浪结构中滚动播放。除了依靠多媒体的展示，我们也在波浪结构上，以香山名人为原型，设计了一组12个人物雕塑，立于潮头之上，呈现出香山群星闪耀的观感。

图3-54 "中山华侨身份卡牌"互动展项

    而在中山华侨历史陈列方面，我们在展项设置上，做出了一点突破——尝试将全馆的展项进行串联，构成一条"模拟华侨人生"体验之旅。华侨馆在内容上大致有"走向四海—海外谋生—海外生活—反馈祖国"这样的一条线索，基本有对应的多媒体查询屏。我们要让观众不只是"看展的过客"，而成为"故事里的人"。于是，在展厅开端，我们设置了一个身份卡牌领取机，观众可以随机领取到一张"中山华侨身份卡牌"（图3-54），化身为前往不同地区的中山华侨，将自己代入华侨的身份中，以"第一人称"的视角进入展览，更有探索展览的欲望。

    与此相对应，原本存在的多媒体查询屏里，除了承载内容信息外，我们也加设了一系列让观众亲身体验华侨生活的设计。比如在第二单元的杂货铺查询屏中，观众通过与"店家"的对话，可以了解到当时海外杂货铺的复合功能，同时还可以在此寄出一封"电子家书"。这封家书可以在第五单元的家书查询屏里提取。简单的一个联动设定，却能直观地让人体验到千里传书的滋味与情感。

3.广播剧设计——"无"中生有，"声"入人心

　　贯穿始终的广播剧，是展览的特色展项。我们将与大众有距离的历史文献再创作为广播剧剧本，辅以专业话剧团队的生动演绎，让观众在收听时，能产生出画面感，以及与历史人物对话的意趣。这些广播剧有基于文物出发的，如华侨历史陈列中的华侨家书广播剧，通过旁白叙述历史背景与演员念读书信交错的形式，将观众更好地带入家书文物与其背后的时代之中。

　　也有基于史料素材原创的多媒介展项。在 17—19 世纪，香山出现了引水人、通事、买办等因华洋交往需求而产生的新生人群。这些在文献中仅有只言片语存在感的小人物，实际上对香山历史的发展具有重要的推进作用。近年来的历史研究中，也有更多人将目光投射在了他们的身上。我们因此基于文献与最新的学术研究成果，尝试将新生人群的故事以舞台剧的手法呈现于展览之中（图 3-55）。

　　首先，我们以新生人群的基本职能为出发点，创作了引水人为外国船只导航、通事向外国船长传达政府指令、买办为外国船只采购生活用品三个广播剧剧本。故事的情节、细节取材自相关的文献、绘画甚至账单，相应的延展如当时市集的风貌、人们日常闲聊的话题、中外人物的着装等均来源于史料。对应 18 世纪的故事时间点，特邀请专业粤语配音演员录制了广播剧，更好地还原了时代质感，并在多媒体屏幕上辅以普通话字幕，便于大众理解。

　　其次，我们也为新生人群舞台剧做了视觉化的呈现。我们为其特别设计了一处小剧场式空间，将每个剧本中最有代表性的一幕定格于"舞台"上。我们以微缩人物模型的方式生动展示了引水人、通事、买办与外国人交往的动态。人物的背后是一幅描绘澳门南湾景象的油画，以此作为舞台剧的背景。画面近处有着疍家女、贩夫走卒

图3-55 新生人群广播剧

等更多活跃于当时历史现场的小人物们，远处有着各色或前来或远航的中外船只。由此，丰富的历史碎片凝结成展览中的一出好戏，处于大历史背景板中的小人物们第一次在展览中走到了台前，"亲口"讲述出自己的故事。

（二）线：打造波澜起伏的氛围，寻觅流动的时空

中山历史陈列的大纲不完全以时间顺序为线，并且核心内容部分更是以同一时间段的不同主题来表达，怎样将这种编年体与专题体混合的内容形式，直

观清晰地呈现给观众，是一个不小的难题与挑战。所以，在打造出一个个历史现场和创意展陈之余，如何呈现出一场流畅、完整的展览，是设计上尤需做出努力的地方。

为此，我们为展览设置了主线元素，用其串联全馆，打造整体氛围，并从空间和时间两个不同的维度入手，设计观展线索，既加强了单元之间的关联性，亦给观众带来寻找时空流动的意趣。

1.元素线——波涛里的漫游

我们从内容与设计两方面入手，对展览的主线元素进行了筛选。在展览内容上，需要提取一个与全篇内容有着广泛关联度的元素。展览名为"风起伶仃洋"，从开篇的海洋文明初兴，到沧海变桑田的沙田发展，以及十字门开向二洋的文明汇流故事里，海洋是一个贯穿始终并对中山历史发展起核心作用的因素。在展览设计上，一个能覆盖全馆的元素，需要有较强的延展性，在具象与抽象角度都可以有所发挥。

基于这两方面进行考量，我们选取了海洋中的"波涛"作为展览的主线元素。艺术化的波涛状弧线以空间结构、版面设计及灯光造型等方式贯穿全馆，或"明"或"暗"地串联章节，营造出海洋文明的氛围。

于"明"处，展览的核心空间均以波涛为造型，打造出浪潮迭起的空间气氛。展览的序厅、分序厅、核心多媒体影像空间和尾厅，以具象或抽象的波涛为基本空间造型，以曜石蓝色为基准色调，并随展览内容与观展情绪的发展，各有特色（图3-56）。

序厅作为展览起始，设计为一处海岛氛围空间。序厅空间是方正的长方形结构，我们通过地面的波涛形装饰线与顶部的波浪感环形艺术天空设计，将空间的视觉效果从方正转变为圆弧，加上水纹灯和星空呼吸灯的配合，赋予了展厅流动韵味。尾厅方面采取了同样的手法，用更具现代艺术感的浪潮装饰带改造原本的长方形空间，让流动感贯穿展览始终。

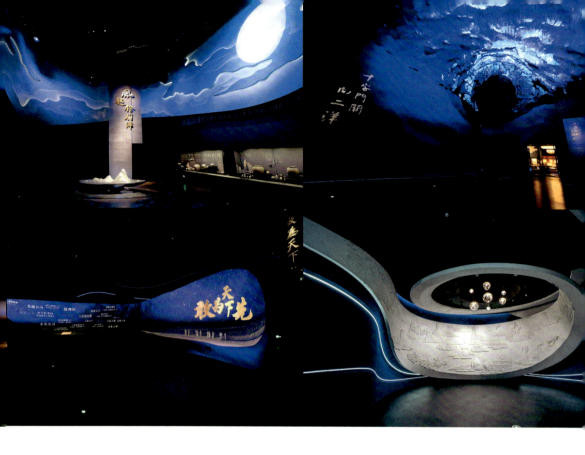

图3-56 波涛里的漫游

分序厅与"敢为天下先"多媒体影像空间是第四单元"镜海扬帆立潮头"的引子与高潮部分。前者直观打造了具象的海底世界，以树脂配合灯光，营造出大船驶来劈波斩浪的震撼效果。后者则以抽象的波浪形态设计大型多媒体播放载体结构，日常模式时粒子流状的海浪在"大浪潮"中翻涌，播放模式时影片配合特殊造型产生配套的效果，让观众看到勇立潮头的中山人如何"敢为天下先"。两处以不同的"波涛"方式，带给观众记忆深刻的中山历史故事。

于"暗"处，无处不在的波涛元素，建立起了展览的视觉整体性。五个单元的部首牌上均有一个主题图标，图标以单元点题元素搭配波涛纹路为设计想法，如第一单元是大海中的岛，第四单元是海浪中的船，既是部首牌文字信息的有效辅助，也构成了一条"彩蛋式"元素线（图3-57）。

图3-57　中山历史陈列部首牌设计

　　另一个"暗藏玄机"之处是版面底纹。在底纹的设计上，我们采用了大量波涛式线条的变体。在内容相对较少的版面中采用与版面底色形成对比色的线条（如底色为蓝色系，线条为黄色系），适当丰富平面造型效果，而在内容丰富的版面则设计了规则排布的波形暗纹做底衬，让波浪感潜藏于版面肌理之中。

　　由此，观众得以成为"戏中人"，随波逐浪于中山发展的历史舞台上，在浪潮奔涌的故事中感悟中山历史。

2.空间线——读图看湾区

　　在中山的历史发展进程中，地理区位是一个重要的线索概念。海洋与陆地，国内与海外，人们在其中的流动和行动，形成了这里独特的历史。所以在中山历史陈列中，我们用艺术图构建起一条空间线索，试图让观众在读图时读懂中山历史。

在每个单元的开篇部首牌旁，我们均设置了一幅艺术图。这幅大图既清晰指示出该"历史现场"的大环境区位，同时也点明了单元的叙事重点。

第一单元开篇的"香山主要先秦遗址分布示意"，展示了古代香山的地理形态是由古珠江口海湾上的一系列岛屿组成的，直观呈现了何为"海上香山"。为凸显空间中部的序厅装置，第一单元部首牌与该示意图所在的墙体灯光条件相对较暗，为此我们以"搭积木"的形式创作了这幅艺术图。海洋部分为蓝色底色，陆地部分用浅黄色块积木搭起，并依据地势高低堆积不同层数的积木，可以让观众对平地与山脉所在一目了然。先秦遗址所在地用醒目的立体坐标标示出来，不少地名在后续的文物展柜中会有对应的出土文物展示，让这幅艺术图也与随后的内容形成一定程度的关联。

第二单元部首牌旁"顶天立地"的艺术图，参照了《永乐大典》中的"广州府香山县图"来绘制。这幅图呈现了这里从山海之地到被礼仪教化的演变过程。从图中可知，此时的香山依旧是群岛分布的地理状态，但各岛屿已经有村落分布。这幅地图位于第二单元的入口处，该单元的起始空间是一个长方形结构，为了区隔内容板块及避免观众站在门口一眼看到头，我们在这个空间里做了实与虚的隔栏，在入口处设置的是一处从天花板落至地面的如玄关作用的墙体。

设计这幅艺术图时，我们解决的第一个问题是素材与空间的匹配。原始素材是一幅横图，而地图所在的墙体是竖状的长方形，为此，我们对原始素材进行了合乎地理区位、比例大小的节选与放大，重点呈现有村落分布的地区，并适当删减了原图中一些细节元素。第二个问题是材质的选择。大型的墙体决定了这幅地图需要用有一定厚重感的材料，但我们也希望它仍然能呈现出流动的质感。几经挑选后，选择了用仿铜材质来制作。带有暗哑光泽的仿铜质感，悬浮于墙体之上，搭配暗藏于其中的暖黄底灯，既保证了体量，又在光线配合之下带有几分轻盈。

图3-58 动态版"香山县疆域地理演变"

　　第三单元部首牌旁搭配的是动态版"香山县疆域地理演变"（图3-58）。不同于前两个单元的大型艺术图，这里我们采用了电子屏动态图的形式，展示了从先秦到明清时期沙田的海陆变迁情况。我们将不同时期的地图做了色系与效果统一的处理，并且将展示范围设定为同一个片区，由此可以直观呈现沙田"生长"的过程，使观众看到海中群岛如何历经千年连成陆地。

　　第四单元的部首牌位于分序厅，走进分序厅大家往往容易被头顶的大船与海吸引，而在大家不经意走过的地面上，其实暗含了一幅"十字门区域图"。这幅图从地理角度说明了香山为何可以成为中外贸易的枢纽之地。它以浅色影印的方式附着于地板胶上，不会过于抢眼但也能清晰传达信息。观众迈入这方"海底世界"后，可以对照船与图，了解当时十字门开向二洋的境况。船对应在万山群岛的上方，这里是当年外国大船的停泊之处。十字门、澳门南湾等重点区位均有明确标注，让人可以亲身"丈量"当年的海上商路。

第五单元我们设计了一幅"中山水陆交通图"，通过其反映出近代中山开风气之先的城市发展进程。近代中山城市发展的一个重要进步在于交通的发展，我们通过整合岐关车路路线图、水路航线图，以及从当年的报纸中找到的车次表、船运表信息等，制作了一幅综合呈现当时交通情况的大图，让大家能直观感受到当年交通的繁盛与便利。

除了体现本地历史发展的大图外，展览版面与互动中还有众多的辅助图。在图中建立本地史与区域史、世界史的关联，反映与呼应从曾经的大湾区到如今的大湾区的一脉相承。

3.时间线——光影里的"香山十二时辰"

在中山历史陈列中，我们巧妙地用灯光在展厅里形成了浓缩千年于一日的效果。随场馆流线打造光影里"香山十二时辰"的构想（图3-59），并非产生于最初的设计，而是一个在展览设计逐步推进过程中，"后天"形成的创意。

创意的起因在于，位于展览中间环节的沙田场景，依据内容要求，空间背景中的大型艺术创作设定为太阳升起时，人们日出而作的劳动画面。而序厅空间出于营造氛围的需求，整体为深色曜石蓝的效果，为了配合场景，我们在艺术天空中投影了月光灯，形成午夜的视觉效果。有了开篇的午夜与中段的清晨之时，我们产生了在中山历史陈列中依参观流线布局光影里的"香山十二时辰"的想法。

于是，在随后的第四单元与第五单元，我们于合适的场景创作中，设置了晌午和傍晚两个时间点。第四单元华洋交往空间中，有一幅澳门南湾码头新生人群与外国人交流的艺术画，我们将这幅画的时间点设定为午后2时。第五单

图3-59　"香山十二时辰"效果

元近代石岐街景的时间点，则被设定为傍晚6时。于是，我们在展览序厅、第三、第四与第五单元，串联起了"香山十二时辰"的故事与视觉时间线。

　　由此，观众将在中山历史陈列的序厅空间步入午夜0时的香山。月光灯、星空呼吸灯、水纹灯和深蓝色的墙面肌理漆及"风起伶仃洋"艺术装置共同构建出海上风起、文明初兴如星辰的效果。

　　行至第三单元沙田开放式场景空间，时间来到清晨6时，贯通场景的10米背景油画配合特别设定的灯光参数，营造了日出沙田沧海间的氛围。伴随着咸水歌声，人们开始了又一天的劳作。

往前行走来到第四单元，在了解了十字门开的时代背景后，在华洋交往空间里，艺术背景画搭配微缩人物造景，烘托烈日质感灯光，呈现了午后2时枢纽之地热络的商贸交往日常。展览尾声部分第五单元的近代石岐场景，时间定格在傍晚6时。街景的画面与人物动态，依此时间条件，创作了相吻合的内容。此处特别使用了舞台灯，打造出落日黄昏的时间感，每个店铺场景中也注重在细节里凸显生活的滋味，搭配在空间里循环播放的石岐话街头买卖杂谈广播剧，在地生活气息自由流淌其中。

（三）面："看不见"的设计

有"显性"的设计，就有"隐性"的设计。除了空间、陈列、展项设计与线索的铺陈之外，场馆在色彩运用、环境音等方面也进行了专门的设计。它们不一定会被观众发现，但却共同构建起完整的博物馆设计与体验。

1.色彩运用：如何为海洋文明"上色"？

展览以海洋文明为主线，故展厅的基本色调选定为蓝色。但如何在"五彩斑斓"的蓝中选择出一个合适的颜色，我们也进行了一番考量。

在中山历史陈列中，由于展览的核心空间均设定为与海洋相关的主题，所以首先我们需要选定一个颜色较深的蓝色作为空间基底颜色，配合大型空间置景、声光电效果以及内容在其上开展创作。最终，带有海洋质感的曜石蓝（C100 M85 Y39 K4）被选定为序厅、分序厅及部分海洋相关内容展墙的肌理漆颜色，为展览奠定下整体的视觉色彩效果。

在部首牌与版面用色方面，我们并没有用蓝色贯穿始终。虽然展览内容均

图3-60　尾厅空间

与海洋有着千丝万缕的关联，但如果从头到尾都运用统一的颜色，在大型的展厅里并不利于观众区分单元，也无法与具体内容相得益彰。所以，在具体颜色的运用上，每个单元都有自身的主色系考量，细化到每一块版面再有自己的色彩。为此，在单元与单元之间的颜色衔接上，为了能舒适地过渡，我们采用了分散的互补色系原则来选色。相对的两种原色称为互补色，它们的搭配会在强烈对比中营造出生机活力，而分散的互补色系则由和基本色的互补色相邻的两种颜色构成，它们形成的视觉对比相对较温和，适合我们单元衔接的需求。

　　而在运用蓝色为基底色的几个核心空间中，蓝色的使用也并非一成不变。我们做了一个"深入浅出"的效果，和上文提及的"时间线"形成了配合。序厅部分采用曜石蓝肌理漆不打灯的效果，营造深蓝空间，让序厅前言装置凸显。分序厅同样采用了曜石蓝肌理漆，但由于配合上了流动的水纹灯，给观众带来了视觉效果相对更轻盈的海蓝质感，契合"十字门开向二洋"的分序厅主题效果。至展现当代粤港澳大湾区的展厅结尾部分，我们在底色上选用了琉璃绀（C97 M65 Y0 K0），大气而流畅，让观众在一种向上的气氛中完成展览参观浏览（图3-60）。

在中山华侨历史陈列的设计上，我们同样以蓝色系作为贯穿展览的色彩。序厅方面，采用了和历史陈列序厅相近的蓝色肌理漆作为底色，建立起两个展馆间和而不同的联系。鉴于展厅面积较小却单元较多的情况，我们设计了样式、色彩统一的单元部首牌，除了第四单元"命运与共"为革命相关内容，采用正红色作为部首牌与版面颜色外，其余的五个单元均以玉髓蓝（C100 M35 Y0 K30）为部首牌颜色。华侨历史陈列在展览结尾部分也采取了和历史陈列一样的"深入浅出"用色思路，让观众在浅蓝色的氛围中，"美美与共"地画上参观游览的句号。

2.环境音：氛围、情境与乡愁

中山市博物馆可以说是一座耳朵里的博物馆，除了广播剧展项外，我们在展厅环境音中，也做了一系列的设定。

有的环境音是为了配合空间效果加强氛围营造。例如在中山历史陈列里，第三单元的沙田部分我们搭配上了淡淡的咸水歌声，让大型造景空间更具鲜活与真实感，仿佛水上人家正在清晨日暮中边歌唱边劳作。第四单元的分序厅里，我们特意仿制了海底沉沉的浪涛声，在水纹灯与海浪声的双重作用下，观众在此更有置身海底，感受大船驶来的临场感。

有的环境音自身便构成了一处情境。在中山历史陈列第五单元的近代石岐场景中，我们将近代石岐商铺的内景做了创意性再现，相较之下，街景的展示会较少。为了弥补这个缺失，我们在商铺的窗子上，安装了一个音效喇叭，喇叭里播放的是街头的声音，有路人的行走交谈声、小贩的叫卖声，还有自行车的铃铛声，仿佛推开窗户外面就是热闹的石岐街头，以不见其"人"但闻其声的方式，构造出了富有想象与延展感的情境。

在第二单元的方言板块，结合版面内容中提及的不同方言，我们选取了一系列儿歌、童谣、念白等，力求用亲切的方言之声，勾起相应方言使用人群，乃至大众的回忆。这些声音是小儿们朗朗上口的歌谣"三字经"，是长辈呼喊孩子回家吃饭的短句，是大人们做工时无意识哼唱的小曲，即使你不是这门方言的使用者，其中饱含的情感是共通的，袅袅乡愁由此缓缓带出，让展览不止信息的传递，更有情感的流动与交融。

注　释

〔1〕（宋）王存：《元丰九域志》卷九，光绪八年金陵书局刻本，第7页。

〔2〕（清）徐松辑：《方域七》，《宋会要辑稿》第189册，中华书局，1957年点校本，第7430页。

〔3〕刘志伟：《溪畔灯微：社会经济史研究杂谈》，北京师范大学出版社，2020年，第137页。

〔4〕《原道训》，《淮南子》卷一，顾迁译注，中华书局，2009年，第16页。

〔5〕（明）黄佐：《杂蛮》，《广东通志》卷六十八，广东省地方史志办公室誊印，1997年，第1793页。

〔6〕《明太祖实录》卷一百四十三，国立北平图书馆红格钞本微卷影印本，第2252页。

〔7〕（明）黄佐：《风俗》，《香山县志》卷一，日本国立国会图书馆藏，第9页。

〔8〕赵元任：《中山方言》，科学出版社，1956年，第49页。

〔9〕萧凤霞：《传统的循环再生——小榄菊花会的文化、历史与政治经济》，《历史人类学学刊》第1卷第1期，2003年，第99-131页。

〔10〕《永乐大典》卷11907，十八养，广字，广州府三，"风俗形势"六。

〔11〕《永乐大典》卷11907，十八养，广字，广州府三，"风俗形势"七。

〔12〕"策展人刘志伟教授谈中山市博物馆基本陈列"视频原话。

〔13〕刘志伟：《借题发挥》，社会科学出版社，2019年，第240页。

〔14〕《广州路》，《元一统志》卷九。

〔15〕《舆地·沿革》记载："自绍兴以来县皆属广州，靡所析并，然宋元明皆为下县。"，道光《香山县志》卷一。

〔16〕参见《珠江三角洲形成发育和开发史》《珠江三角洲农业志（初稿）》卷一。

〔17〕（清）洪亮吉：《广州府》，《乾隆府厅州县图志》卷四十一。关于"繁疲难"，可参考清代道府州县等级划分的相关研究。

〔18〕《舆地·沿革》，道光《香山县志》卷一，第80页。

〔19〕《国立音专校长萧友梅在沪病逝》，《新华日报》，1941年1月11日，第2版。

〔20〕王学典：《述往知来：历史学的过去、现状与前瞻》，山东大学出版社，2003年，第242页。转引自王传：《华南学派史学理论溯源》，《文史哲》2018年第5期，第496页。

〔21〕王学典：《述往知来：历史学的过去、现状与前瞻》，山东大学出版社，2003年，第242页。转引自王传：《华南学派史学理论溯源》，《文史哲》2018年第5期，第540-541页。

〔22〕王学典：《述往知来：历史学的过去、现状与前瞻》，山东大学出版社，2003年，第242页。转引自王传：《华南学派史学理论溯源》，《文史哲》2018年第5期，第540-541页。

〔23〕余其伟：《广东高胡六十年览略》，《中国音乐》1987年第2期。

風起伶仃洋

The Wind Blows from
Lingding Channel

有限的空间，无限的可能

工商繁华

一、从观众中来到观众中去的服务

（一）线下服务

1.讲解服务情况

中山市博物馆新馆讲解队伍是基于原有班底全新组建的，新馆场馆规模和展览内容远非以往可比，对讲解工作的开展提出了很大的挑战。在特色博物馆办馆思路指导下，中山市博物馆原有讲解工作主要服务于各个专题馆的展览内容，讲解团队规模和讲解内容工作量相对有限，基本没有本地历史通史阐释的经验，因此新馆历史陈列的讲解工作几乎可以说是从零做起。

中山市博物馆新馆讲解工作的优势在于策展团队的深度介入，基本陈列讲解词的基础文本都是由各部分策展人亲自操刀撰写的。作为对展览各部分内容最熟悉、理解最透彻的专业人员，策展团队专家们所撰写的讲解词在信息准确性、全面性以及内容重点把握方面都有充分保障，只需在此基础上开发适宜的表达方式就可以起到事半功倍的效果。

对于新馆开放之后接待任务的艰巨性我们是有预期的，同时由于时间紧迫，没有条件让讲解员在完工的展厅练习讲解，因此我们的讲解服务工作是随着新馆基本陈列布展工程同步启动的。

在展厅尚未完成布展的情况下，没有展品实物对照，没有展线内容参考，第一步的工作开展就是根据讲解词"死记硬背"，这也是一个打基础的阶段。随着展览内容不断充实，布展完成一部分就实地练习一部分，通过每一次练习加深对展览的认识和理解。在这个过程中，策展团队也尽可能充当讲解顾问，帮助讲解员理解展览内容，以求融会贯通。新馆没有试运营期，正式开馆后，在一次次真刀真枪的讲解实践中，我们不断修正改进，积累经验，经过高强度的磨炼，讲解业务水平快速提升。通过这样的过程，我们的讲解业务工作在很短的时间里，完成了始于背诵到理解到表达的进阶，承担起了新馆开放后日常参观接待的讲解服务任务（图4-1）。

此外，我们也组织馆长和策展团队开展馆长、专家讲解服务（图4-2），每个人的学识各有所长，讲解的侧重点和亮点也有所不同。这样不仅可以丰富本馆的特色讲解服务，也意在培养提升讲解员团队，使他们在跟听过程中可以不断丰富讲解内容，提升讲解服务水平。

2.地方特色方言讲解

由于地处广东，我们时常需要接待港澳观众，为了便于他们理解展览内容，我们还特别开发了粤语特色方言讲解服务。

最初我们以为，在广东开发粤语方言讲解是水到渠成的事情，但在实际开发过程中，却遇到了意想不到的困难。粤语内部其实因地域不同有很多腔调发音的区别，各地也有不同的俚语，以往广东地区的人们一般都会学习标准广州话或者香港话作为"通行粤语"。但随着时代发展，普通话在广东地区的广泛普及，以及新媒体时代的去中心化，新成长起来的年轻讲解员们，即便母语是粤语也不会刻意去听、去学习原来的"通行粤语"，日常沟通都是说普通话或者本地粤语方言。此外，展览中涉及的专业术语、生僻字词等内容，并不能简单地用粤语转译，也是粤语特色方言讲解需要解决的问题。

鉴于以上情况，我们首先规范粤语讲解员的粤语发音，再由策展团队中熟知本地方言的语言学专家跟听粤语讲解，逐字逐句解决特殊内容的粤语表达方式，从而形成了规范的粤语讲解内容。

图4-1　对不同群体开展讲解服务

图4-2　馆长、专家讲解服务

（二）智慧服务

近年来，我们按照国务院《关于进一步加强文物工作的指导意见》要求，积极开展智慧博物馆项目建设，提升博物馆运营管理和公共服务水平，拓宽馆藏文物的利用方式，推动文物保护与现代科技融合创新。我们新馆的"智慧博物馆"系统包含智慧管理、智慧保护、智慧服务三大方面，囊括了与博物馆有关的所有信息系统。它让我们夯实了内部管理的基础，并以更加开放的姿态贴近观众、了解观众、服务观众，让优秀传统文化得到更广泛的传播，充分发挥我馆保护与传承历史文化遗产的作用。

我们新馆相比旧馆拥有更大的场馆和展厅面积、更多的展览项目、更丰富的展览形式、更大的观众量。如何让现代科学技术更好地辅助展览，提升观众参观体验，围绕观众需求，以观众为先，提升博物馆的各项服务能力，确保提供良好的群体参观环境、个体参观环境和网络参观环境，是我们智慧服务一直努力的方向。随着移动智能终端等新兴媒介的出现，传统的"隔窗展示"和"主题展览"在数字时代已不能很好地满足观众对"个性化体验"的迫切需求。一种更为快速便捷的服务渠道、一种重在互动多变的展示方式，共同构建了全新的"展"与"观"模式。我们突破原有传统运作模式，将日渐成熟的物联网、多维互动技术等运用到博物馆的数字化建设过程中，融合数字化、网络化、智能化进行创新发展，提高技术运作水平，建立起长效的观众体验与参与的双向模式。

经过多次咨询专家意见，多方实地调研兄弟馆的建设经验，咨询行业内不同专业技术公司，我们内部反复讨论研究，结合新馆建设项目的实际情况，以统一规划、分步建设的原则，配合新馆开放推出"参观预约系统"、"智能导览系统"和线上"虚拟博物馆"等数字化服务项目，作为线下展览服务的有效补充。

我们在为观众提供智慧服务的同时，还为公众提供可共享的文化服务产品。

1.打造地方特色资源数据库，为公共文化服务添色

我们从自身实际业务需求出发，根据现有馆藏资料特点，对馆藏华侨历史资料进行数据化，建成特色资源数据库(图4-3)，并搭建相应的数据共享管理系统，对公众开放。特色资源数据库包括了 1600 余件（套）华侨历史纸质藏品资料，涵盖书法绘画、文件宣传品、档案文书、票据、音像制品、邮品、其他七大类。特色资源数据库建设，对内形成科学高效、安全可靠的信息资源建设和管理机制，对外为公众提供了一个全新维度的历史资料查阅方式，让历史资料"活起来"，

图4-3　地方特色资源数据库

全面提升博物馆管理水平和公众服务质量，满足新时代人民群众的文化需求，实现资源共享，人人可用。

2.推动文物三维数字化，让文物活起来

为活化馆藏文物资源，让尽可能多的馆藏文物生动展示于公众面前，我们积极运用数字化手段构建博物馆数字资源库，实现博物馆展陈方式的数字化、网络化展示传播，增强博物馆服务公众的能力，提高博物馆公共文化服务质量，增强博物馆公共文化服务效能。我们精心挑选馆藏文物精品开展三维扫描、建模、纹理数据采集，通过后期制作形成文物三维数字化成果（图4-4），通过博物馆官网、微信公众号等平台以形象生动的方式最大限度为公众呈现博物馆藏品信息，更好满足广大市民精神文化生活的需求。

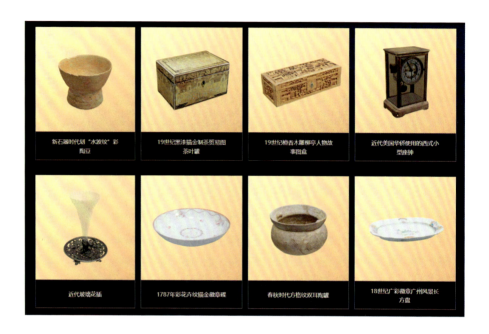

图4-4　文物三维数字化成果

3.制作"动起来吧，博物馆"系列视频，创新文物活化利用新形式

为了在新媒体时代更好地传播历史文物知识，弘扬、推动文物活化利用，我们联合中山广播电视台进行了积极的探索，共同策划制作"动起来吧，博物馆"系列短视频，运用新媒体技术创新文物展示形式，对馆藏文物进行多维度聚合展示，把原来静态的文物化为四维多元动态，配上详细的解说、古韵悠扬的配乐，精美地表现文物的形态内涵、历史意义，让每一件文物都展现出迷人风姿和独特的魅力。系列短视频到目前一共制作了34期，分别在中山市博物馆微信公众号、中山手机台App、中山手机台视频号、香山文化频道等平台播出。

图4-5 "动起来吧，博物馆"
系列短视频获奖

同时，还被学习强国、《人民日报》、央视频等国家级媒体平台刊播，总阅读量超1000万人次。"动起来吧，博物馆"系列短视频一经推出，便受到社会各界人士的高度肯定，广受市民的喜爱，成为本土传播中华传统文化的一张名片。该项目还获得国家文物局、中央网信办"2023年度中华文物新媒体传播精品推介入围项目"（图4-5）、中山市委网信办"美丽中山 红心互联"网络传播精品奖、中山广播电视台2022年度十大"我喜爱的融媒体产品"等荣誉。

我们的智慧博物馆系统目前仅完成一期建设，下一步将开展二、三期建设，侧重于实现观众数字化管理和公众智慧化服务建设，进一步提升观众服务水平，通过集成更多的业务管理系统及公众服务终端，完成博物馆业务、分析、服务各系统的一体化工作，为博物馆的观众、展览和学术研究提供更为精准、更加精细的服务。在展览、教育等项目中融入新技术，增强数字互动和新媒体技术运用，增加公众体验感，提升公共文化服务质量。不断充实博物馆藏品数字化资源，提高文物利用效率，提供更多的公共文物服务。继续丰富网上数字展示内容，对特色资源数据库采取动态化管理，后续根据藏品征集情况及时进行补充更新。

二、从点滴到品牌的宣传

（一）香山风物社教活动品牌

　　新馆基本陈列的完成仅是为解读地方历史提供了一个讨论的基础，还有许多展览未能呈现的内涵和外延需要我们去不断发现和阐释。同时，新的硬件设施也给了我们非常广阔的社会教育实践空间，宣教工作该如何开展才能与新馆工作条件相匹配，也是我们一直以来重点思考的课题。为此我们立足于本地历史文化根脉，策划开发一系列宣讲教育活动，打造了香山风物特色社教活动品牌。

　　在摸索社教活动的过程中，我们发现不能被活动项目牵着走，那样会导致社教工作疲于奔命，并且主题因时因事而定，不鲜明统一。一番忙碌下来做了很多工作，但能够让大家印象深刻并记得住的活动寥寥，所带来的社会效益和宣传效果并不能与我们的工作量相匹配。在不断总结经验、修正行动的过程中，我们逐渐形成大社教品牌工作理念，即在一个内涵丰富的主旨之下成体系地策划社教活动，采用的活动形式则丰富多样。这样，核心内容紧扣本地区历史文化，涵盖新馆基本陈列、馆藏文物及本地不可移动文物、非物质文化遗产等资源的"香山风物"就成为最恰当选择，立体、多维、深度的策划充分发掘本地历史文化底蕴，从而有效发挥本馆的社会文化价值。

　　再好的策划都是由人来落实的，因此我们特别重视实施社教活动的人员，根据活动需要组建了多元的社教工作团队。首先，打破部门职能和专业界限，使各业务部门学有所长的专业人员都积极参与到社教工作之中，社教活动的组织实施不局限于宣教部门。其次，充分发挥策展人熟知展览内容的优势，不仅

图4-6 "香山风物"社教
活动专家导赏

自身可以承担起组织深度导览、研学活动的任务，还可以从知识结构和讲解内容等
方面提升讲解员团队的导赏服务水平。最后，突破馆内人力限制，邀请社会各界专
家、文化学者加入，发挥专业人士的学术优势和影响力，提升本馆社教活动的学术
水平。通过这样的努力，香山风物社教活动品牌形成了涵盖本馆策展人团队、各部
门业务骨干、讲解员队伍、公共服务人员以及馆外各界专家学者的工作团队，从而
满足不同层次、不同题材、不同受众对社教活动组织实施的需求。

　　"香山风物"这个主旨内容涵盖广泛，使这个品牌下的活动题材丰富、形式多
样，既可以满足深度研究学习，也可以进行大众科普；既可以了解历史知识进行文
化熏陶，还可以参与美育体验培养情操。比如我馆基本陈列中很多内容都是历史人
类学学术成果的体现，因此我们的展厅经常成为中山大学历史系本科生、研究生的
教学课堂，我们也围绕本地历史邀请相关领域的专家，开展"香山风物"系列专题
历史讲座（图4-6）。

图4-7 "风起伶仃洋 少年叙香山"小小讲解员大赛

又如我们举办"风起伶仃洋 少年叙香山"小小讲解员大赛（图4-7），活动参与性强，又有一定的竞争性，需要参赛的青少年以中山历史陈列内容为题材，准备演讲内容，引导青少年在参与比赛的过程中主动了解本地历史。在大众普及活动方面，我们注意到近年来观众尤其是年轻观众特别热衷于收集印章，于是将代表性文物、展厅经典场景设计成系列印章，观众完成研学卡问题即可获得对应的印章，既满足人们收集印章的爱好，又可以进行历史文化知识的科普。

此外，我们积极贯彻展教一体的理念，在香山风物社教活动开展过程中尝试探索新路径，使社教活动不仅作为展览的延伸，还成为展览内容的一部分。在"文教开先风——中山教育特展"策展阶段就结合社教活动进行展厅构想，

图4-8　"学在博物馆研学团"活动

设置了与本地学校互动的区域"我们的教室"场景，展览期间本地多所学校每周在其中创作更新黑板报，同时组织"学在博物馆研学团"活动（图4-8），并将学生们发挥奇思妙想制作的研学卡粘贴在展厅最后的展示墙上，构成展览的一部分。这样社教活动尝试不仅为展览注入更多活力、情感与可能性，使展览成为社会共创、不断生长的展览，也让博物馆成为人人参与、人人共享的文化场所。

此外，当代新媒体作为信息传播的重要渠道，能够让历史文化知识更生动、直观地呈现给观众，提高人们的学习兴趣和参与度。为此，我们特别邀请了小小讲解员大赛获奖选手们录制了《"一展一物"文旅志愿者带你云游博物馆》节目，通过线上作品有效增强社教活动的教育效果和影响力，提高其传播力并延长普及时间。

（二）文博之声学术活动品牌

　　作为地方馆，我们深知自身人力资源的局限，智力储备不足以长期支撑高水平开展各类业务工作。因此，我们也在试图探索一种工作路径，不断加强博物馆学习型团队建设，提升专业技术人员的业务能力和专业素养，更为重要的是增进与文博业界和学术界的深度交流与合作。为此，我们特别打造了文博之声学术活动品牌（图4-9），希望通过活动不断增强我馆的知识储备，提升业务工作水平，以及在业界和全社会的影响力。

　　目前活动形式主要为名家讲座。我们立足本馆平台，聚焦文博、历史、考古等学术前沿，邀请学术界、文博业界知名专家学者，开展了一系列内容丰富的专题讲座，主要有魏峻教授讲座《粤海丝路：起源与发展》、肖海明馆长讲座《"五个粤博"建设实践对中小博物馆的借鉴意义》、陈浩馆长讲座《高质量博物馆散论》、陈同乐教授讲座《如何做一个有创意有温度的展览》、史家珍院长讲座《一个考古人认识的龙门石窟》等。

图4-9　文博之声学术活动品牌

图4-10 传统节日社教活动

三、从相遇到相知的展览

  根据留言反馈，普通观众一般谈直接感受，主要是从场馆的环境氛围、设施完备程度、展览展品丰富程度、场馆服务质量（图4-10）等方面给予肯定。许多本地观众观展后感觉惊艳，为本地辉煌的历史而感到骄傲，同时也很高兴看到中山也有了一座高水平的现代综合博物馆；部分外来中山定居的新中山人观展之后，对中山也有了更高的归属感和认同感；少数对本地历史有所了解的人士，来馆参观之后也对展览内容给予了肯定，在印证个人理解的同时也有所收获；有参观博物馆经验丰富的外地游客在全面参观中山市博物馆后，给予了高度评价，认为从场馆设计到展示内容都可圈可点，尤其是基本陈列策展制作水平可以比肩甚至超过很多省级大馆。

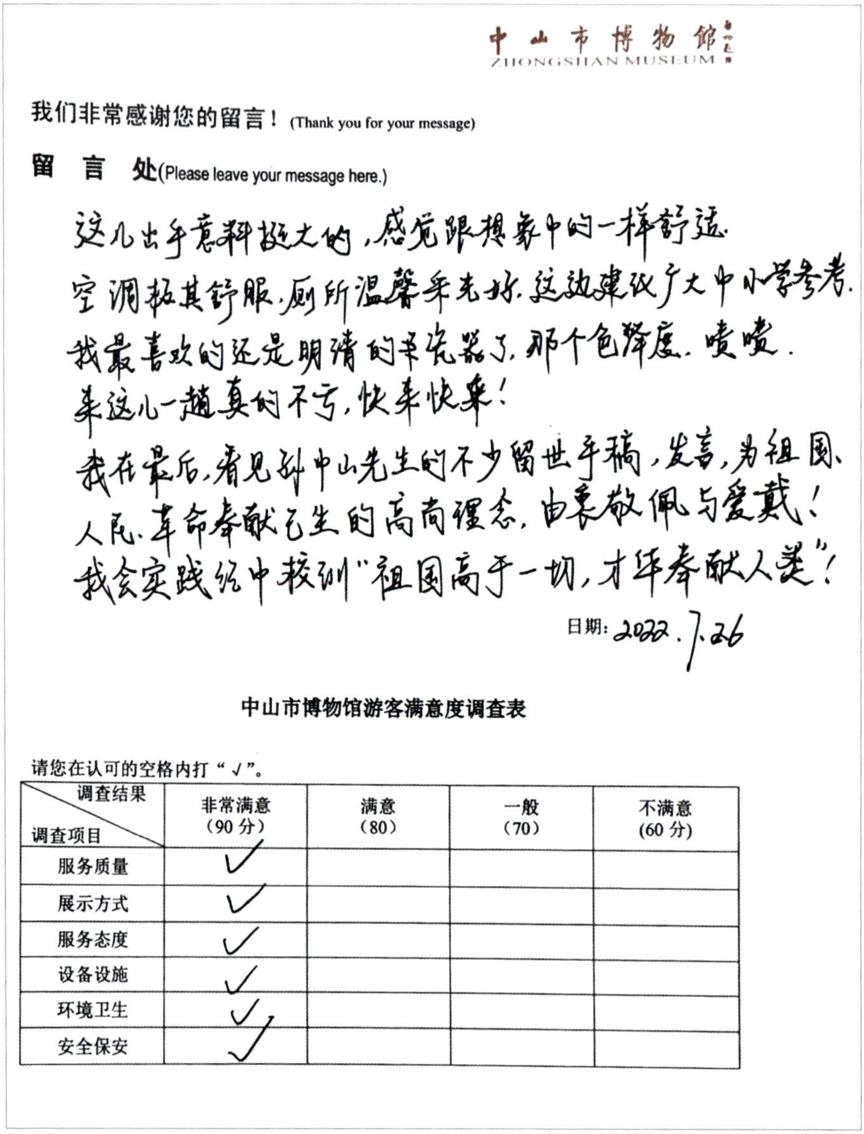

中 山 市 博 物 馆
ZHONGSHAN MUSEUM

我们非常感谢您的留言！ (Thank you for your message)

留　言　处 (Please leave your message here.)

这几出平意料极大的，感觉跟想象中的一样舒适。
空调极其舒服，厕所温馨羊先址，这边建议广大中小学参考。
我最喜欢的还是明清的单瓷器了，那个色泽度，啧啧。
来这儿一趟真的不亏，快来快来！
我在最后，看见孙中山先生的不少留世手稿，发言，为祖国、
人民、革命奉献己生的高尚理念，由衷敬佩与爱戴！
我会实践纪中校训"祖国高于一切，才华奉献人类"！

日期: 2022.7.26

中山市博物馆游客满意度调查表

请您在认可的空格内打"√"。

调查项目 ＼ 调查结果	非常满意（90 分）	满意（80）	一般（70）	不满意（60 分）
服务质量	√			
展示方式	√			
服务态度	√			
设备设施	√			
环境卫生	√			
安全保安	√			

图4-11　观众留言

很多观众纷纷在博物馆留言本上留言（图4-11），简要列举如下：

"说实话，有被惊艳到了，这里的氛围满满，有些文物也有了解，可没看到实物，今天看到了，真是开了大眼界。让我更能了解到中山的历史和文化，在中山15年，第一次感受很深。是值得来的，虽然订阅时间的确挺长。让我感受最深的是出土的青铜器和陶器，希望通过这样的旅行，能让更多的人了解，让每个人知识更加丰富，让中山更闻名。希望更多的人能来！"

"2022年8月10日参观了中山市博物馆，第一次知道中山这座城市也有属于自己的历史展馆。这象征着中山的文化被传播、被推广，城市发展越来越好。正如前言所说，历史是一座城市的灵魂，代表着城市文化的深度与厚度。今天我看到了，希望未来中山可以发展得越来越好！"

"在中山生活了那么久，一直都不太了解中山的历史、文化由来，在这个博物馆让我重新认识了我生活了19年的城市，对这座城市多了些别样的情感。让我知道，原来中山也有着属于它的独特的故事。愿博物馆越来越好，也愿中山越来越好。当一个城市的文化、历史被这个城市的人所熟知，那么在我看来，就是这个城市快速发展的开始。"

"属实被惊艳到了！满怀期望的（地）到来，收获满满的（地）回去。身处其境的感觉，整个博物馆运用现代科学技术和逼真的道具，真是用心。服务工作人员也很贴心和礼貌。打卡印章真的好好玩，体验感真的绝。中山是一个很慢很慢的城市，期待越来越好。"

"我是北方人，来到广东中山市，特意参观中山博物馆，从中学习到很多未知的历史知识，了解了在这片土地上为建设国家，为推动中国的革命事业的发展出现的英雄人物，倍感敬佩和无限的感慨。"

"中山市博物馆（新馆）蛮令人惊喜的，中山历史陈列的布展和灯光都很棒，尤其布展。策展人搜集了很多的资料，展厅的打造也很好，令人很充实。布展是国内市级博物馆一流的，比某些省份的省级博物馆都好！！同时，可以利用馆藏书画举办原创展览，展示中山市博物馆所藏中山人的书画作品或广东人书画作品，可以与广东省博物馆的宋元书画的互相映衬。希望继续举办优质的展览，利用好馆藏资源。"

1.小博物馆里的大历史

香山出了个孙中山，是必然还是偶然？如果是必然，今天的中山应该继承他什么遗产？

中山市博物馆给了我答案。

论馆藏，无疑它会让你失望，但是它可以让你透过并不贵重的陈列，了解一座小城如何影响国运。

和别的城市想方设法拉长自己历史不同，中山博物馆基本放弃了公元 10 世纪以前的叙事，只在一楼第一厅约 200 平方米的空间展示新石器时代的少量先民生活器具。

随后通过一段长长向下的楼梯进入负一层，开始了 1152 年南宋香山建县以来的讲述。古代史的篇幅也很短，在行进到宗祠陈列、世族大家的建筑风格后戛然而止，进入了"沙田围垦"的展厅。

沙田与宗族，是香山的第一个明显特征。

这里更像给观众普及地理知识，香山县位于珠江口西岸，更容易淤积，这里形成独特的沙田地理。

沧海桑田在这里尤为突出，"沙田"并非一蹴而就，河口"浮沙"变成可以种植水稻的"良田"一般要经历 10—20 年的淤积。先民依据水位深浅、土壤咸淡，形象地将其演化过程划分为"鱼游""橹迫""鹤立""草埗""拍围""联围"等阶段，并辅以抛石、种草的人为加速。

沙田是大海对香山的馈赠，让"散装"的小县最终登五桂山远望，从伶仃洋远航，屹立在历史的风口浪尖。

沙田开垦带给香山的变化是带来超过建县时面积 2 倍以上的增量土地，一度香山县的稻米产量占全广东的六成以上，而良田的产生带来了宗族的兴旺发达。博物馆沙田厅出口贴着一张地契平面图，上面大大小小划分成几十户人家，比如"大良陈""容奇林""小榄何"。

大量新增沙田给香山县广大农户带来的一是财富，粮食增产即财富增长；二是相比内陆地区依靠存量争夺土地兼并而言更稳定的社会状态，代耕户是外来雇佣关系而不是失地农民的斗争关系；三是教育的提升，为了巩固社会地位，拥有大片田地的世家大户更注重后代通过传统科举进入仕途，而不是经营商帮，从而光宗耀祖。

宗族的繁荣是通过几百年沙田的扩张，财富的积累，仕途的追求而得以实现的。

海洋与商业，另一个香山特征。

走出沙田展厅，观众会进入"十字门开向二洋"展厅，虽然在 19 世纪末，香港开埠和国内港口被迫开放，导致香山和澳门相继衰落，但毋庸置疑，近代是香山的高光时刻，为了这一刻，它准备了 300 年。

你会在展厅入口不远处的右手边看到三组小人塑像，记得不要只看左手边的那些瓷器和坛坛罐罐，右手塑像群才隐藏着香山崛起的密码。

明嘉靖三十三年（1554），葡萄牙商人进入澳门居留和贸易。在此之后，其他国家的商人也陆续进入澳门，或经澳门到达广州。

第一组塑像是一个清朝人向一群洋人介绍岸边货摊的货物。他是"引水人"，是专门为外国轮船提供水路引导的渔民，这些人是持牌上岗的。珠三角许多河道与大海相连，且水网复杂，航行亦不容易。到达澳门后，外国船长便需要向驻守官员聘请一个领有执照的"澳门引水人"带领他们穿过虎门进入黄埔。

据记载，从外洋引水到澳门收费 15 元，引水到黄埔则要 40 元，而且引水人还要负责查验洋人船上有没有违禁物品，以及检查洋女人和洋孩子不能进入广州。

第二组塑像是一名清朝人在洋人与官差之间斡旋沟通。这种"代洋人行翻译之责"的人叫通事。清代在广州、澳门、福州、厦门等地设有通事部门。根据通事的身份的不同，又可分为官方通事和民间通事两大类。

博物馆里这组通事显然是民间通事，在澳门他们发挥的作用除了翻译，还有代理帮办。和广州通事负责"夷人例禁入城，如有应禀事件，亦准令具禀，交保商、通事代投"相比，澳门通事的工作面显然宽泛很多。乾隆年间，澳门大开洋禁，澳门通事负责"传言语，译文字，丈量船只、货之出入口，点件数，秤轻重，输税上饷"。

特别是乾隆之后，所有到广州贸易的外国商人及其眷属必须在澳门居住，不得在广州滞留，因此澳门的房屋租赁业一度非常发达，更促进了香山人与洋人的深度交往。

第三组塑像是两名清朝人拿着账本在为洋人采购。

这是香山人从带路推销的引水人开始到熟悉外语和为官商沟通的通事，再演变出的终极形态：香山买办。香山素称"买办之乡"。"买办"一词始于明代，到了清代指在中国境内的外商洋行工作、担任其业务代理人的中国雇员。

早在鸦片战争前，就有香山人进入广州十三行充当买办，也有一些香山人获得澳门颁发的执业资格而成为买办。鸦片战争后，外商进入上海、天津等陆续开辟的口岸，香山买办跟着外商到各地做生意，极力推荐亲族友朋入行，逐渐织出辐射全国各行业的巨大关系网。唐廷枢、徐润、郑观应和席正甫被称为晚清"四大买办"，前三位均来自香山。

引水人、通事、买办，是香山人海洋和商业特质的具体表现。300年来与洋人、与海洋打交道，让更多的香山人出走海外，走向大洋，成为第一代侨民。

和江门、潮汕等其他地方从事淘金、苦力的侨民相比，香山侨民从事商业、学习科技的比例更高。几百年的积累传承，一张张汇票，一封封家书，一份份包裹从海外回传，带来北美洲、南美洲、欧洲、大洋洲、东南亚的新信息、新思想、新生产经营方式，让香山人的后代觉得海外不是陌生之地，不是追寻未知的宿命，而是除了仕途以外的另一种选择。

　　比如，留学之父容闳带出去的第一批 120 名留美儿童中有 39 名是香山籍的，他们中的一大部分人后来担任清华大学、华中师范大学、岭南大学（中山大学前身）、北洋大学（天津大学前身）等高校的创始校长，而在农工商艺教各个领域，香山人也"全面开花"，例如音乐有吕文成，演艺有阮玲玉。

　　同时，更多的香山人走向国内其他沿海城市，在商业上"攻城略地"，比如马应彪创设了上海四大百货商店。

　　自 16 世纪欧洲人涉足这片洋面开始，香山人乃至珠三角就已经在各个方面被卷入一个全球化的贸易体系中就是历史的必然。

　　这是中山市博物馆给我的答案。

　　同时，它还会向你抛出新问题。今天的中山市，能否继承香山？

　　有一种观点认为，很难。第一我们没有大规模新增的土地，第二我们和澳门之间隔了珠海，没有文化碰撞的机会，第三清廷闭关锁国突显香山的开放，今天的中国城市个顶个开放，我们失去了比较优势。

　　文化，静水深流，我们无法用行政手段去重塑香山气质。

　　"为共和革命牺牲之第一人"陆皓东的堂侄，孙中山的童年朋友陆灿在《我所认识的孙逸仙》里曾回忆，百日维新失败后，康有为流亡海外并成立保皇党，1907 年康有为组织保皇党人在纽约召开大会寻求华侨支持。但与会的美国华人很快发现"康有为以学者和宫廷顾问身份来到美国，他的威名让出身卑微的广东人感到敬畏，他住在纽约顶级的沃尔多夫·阿斯托维亚酒店，举办豪华的接待宴会，和同样来争取华侨支持的孙逸仙那样毫不张扬，衣着朴素的到来，发表完演说后又静静地离开，完全不一样"。

　　站在博物馆的华侨展厅，地面是以香山为圆心，向外是中国、世界的三个圈层，寓意一代又一代的香山人从这里走向海洋；墙上，是孙中山描述第一次出国的感受——"始见轮舟之奇、沧海之阔，自是有慕西学之心，穷天地之想"。

　　如果说今天要传承香山的气质，至少有这么几个关键词：

开放与交流。鼓励民间与海外深度交往，打造更宽松的营商、生活环境。

学习与争鸣。"我"的公众号里，东莞和珠海的读者讨论热情比较高，如果一个地方的年轻人热爱讨论，这座城市就有活力。

多元与包容。做事不要一哄而上，不要一个标准看齐，不追求热热闹闹，一座城市能让人放下标准化面具，才温暖人心。

2.有温度的本土叙事——中山市博物馆常设展观后感

市县级的博物馆怎样才能不在宏大叙事中丧失个性，突出本地的人和事？中山市博物馆常设展能提供一些回答这个问题的角度。

从展览内容来看，中山市博物馆的策展思路非常有意思，脱离了单纯的时间线走向，以生活在历史上"中山"（香山）这片土地上的人民为主要视角，讲述他们如何生活、如何在历史长河中克服接踵而来的困难。新颖的策展思路让展览充满了乡土感情与人情味。

展品方面，展览中并没有什么奇珍异宝、国家重器，而是中山人民各家各户珍而重之的"回忆"。看着这些经过岁月洗礼的物品，观众仿佛能触摸到一代代中山人的日常点滴。一个地方的人群是流动的，但共同记忆和感情是相通的，正是来来往往的人们与"集体回忆"共同组成了这个地方的历史。

在视觉呈现方面，可以说是让人喜出望外。展览各个部分之间以极具视觉冲击力的场景设计进行过渡。"镜海扬帆立潮头"：观众的头顶上是一艘大木船的船底正破开波涛勇往直前，以此带出下一章讲述中山人与世界接触的故事。观众站在这个场景下抬头仰望，自己似乎是静静守在水底多年的沉船、货物、贝壳，看着大海航路上船来船往，见证一个个勇敢无畏的出海故事，让人遐想联翩。

另一个让人惊喜的是，"声音"再次大量运用在新展览中。可能由于维护成本或者现场噪声的问题，各地新近设计的常设历史、民俗展览较少运用环境声效、声音进行布展。在该展览的复原场景中，观众耳边会适时响起粤语念诗声、咸水歌声、茶楼嘈杂声……丰富的音效趣味盎然，让观众更容易产生沉浸感和亲切感，增加了记忆点，更投入观看展览。

　　总的来说，展览反映出中山人民对这片土地的热爱与骄傲。整个展览力图呈现"有温度的本土叙事"，像是一位中山乡亲带朋友们回乡游玩，家乡的大哥大姐们非常热情地介绍有趣的地点，声情并茂地把本地乡镇见闻讲了个遍。大家坐在榕树下，扇着葵扇、吃着零食，津津有味地听那些或是惊险或者惊奇的精彩故事。展览既不盲目地宏大叙事，也不困囿于本地历史，同时保持幽默感与趣味性。

　　当然，没有展览是完美的。展览最大的问题是结尾戛然而止，显得有点草率。如此精彩的展览没有一个完满的结尾，确实有点遗憾。另外，中山近代工业发展的内容还没有进行说明、展开，也是一个小遗憾。这两个方面都需要我们进行改进。

風起伶仃洋

The Wind Blows from
Lingding Channel

结　语

持续生长

　　1984 年，中山市博物馆在侨立中山公医院旧址成立。这是一栋于 1934 年建成的三层框架结构建筑，建筑面积约 2000 平方米。刚成立时，博物馆只占有一楼的空间，面积约 600 平方米。后来其他机构陆续从这里迁出，博物馆的空间越来越大。不过即便到 20 世纪末，最终整栋大楼都归博物馆所有，但对于一个地市级博物馆来说，空间还是太小了。因此，建一个新的博物馆，成了我们一代又一代博物馆人的梦想。

　　这里位于中山市旧城的核心区，门前是以孙中山先生名字命名的孙文路，右侧曾是县委招待所，后方则有第二任驻美公使郑藻如的旧居，右前方则是孙中山纪念堂，也是曾经县衙的所在地。当市里决定建一座新博物馆时，我们想，讲一座城市历史的场馆，没有比建在这里更合适的地方了。因此，我们没有选址在新区，而是选择在旧馆的基础上进行扩建。由于在旧城区，需要控高，旁边又是文物建筑和历史建筑，需要避让，这就决定了新馆的建筑不可能是拔地而起的一整栋建筑，而是错落有致，新建筑融进旧建筑。这样的建筑开敞通透，非常舒适，但空间变得碎片化，同时利用率也比较低，导致我们不得不缩小基本陈列的展陈面积。

　　一开始我们预计中山历史陈列为 5000 平方米、中山华侨历史陈列为 3000 平方米，也按照这个方向编写了陈列大纲，但建筑设计方案出来后，能供中山历史陈列的面积仅有 3000 多平方米，中山华侨历史陈列的面积仅有约 1000 平方米，远远小于我们的设想。为此，我们不得不压缩展陈的内容，这也使得我们的展览没能展开来讲。例如在"安民易俗成村聚"的过程中，很多家族在香山的各处定居，繁衍成很大的宗族，但有哪些家族，他们的源流如何，出现了哪些有影响力的人物，等等，这一部分的内容我们就完全没办法展开；又如在广州－澳门的贸易体制下，很多香山人参与其中，也深受影响，但如何参与、又受到怎样的影响，展览也没能具体展开；近现代以来，很多香山（中山）人在各行各业开风气之先，也产生了很多精彩的事迹，但展览只能择要进行了简单而概括性的展示，没能具体展开。如此等等，对一个展览而言，都是比较遗憾的。

我们经过研究，决定让展览持续生长，把这种遗憾变成我们前行的动力。我们每年挑选一些专题和内容进行深化、细化，策划专题展览。2022 年我们深化和提炼与教育相关的内容，策划了"文教开先风——中山教育特展"；2023 年是中国现代美术教育的重要奠基者、中央美术学院的前身北京美术学校首任校长郑锦诞辰140 周年，我们以此为契机，举办了"锦裳——郑锦诞辰 140 周年艺术展"；2024年是中国现代音乐教育的重要奠基者、上海音乐学院的前身国立音乐学院的创办人萧友梅诞辰 140 周年，我们也将以此为契机，举办"萧友梅纪念展"。未来，我们将继续深挖基本陈列的内容，以专题展览的形式展出。我们相信，这种方式可以让基本陈列不断焕发新的生命力。

后　记

　　时光荏苒，创意永恒。2005 年，中山市相关部门启动中山市博物馆新馆筹建工作；2009 年，刘志伟先生主持的"中山历史文化资源与中山历史陈列研究"项目顺利立项，田野调查和中山历史文化资源调查报告的撰写工作随之开始；2011 年，调查报告定稿，刘志伟先生在此基础上提出《中山历史陈列大纲构想》，并指导博物馆策展人员编写陈列大纲；2012 年，中山历史陈列大纲通过专家评审，并开始了根据专家意见细化完善的漫长工作；2018 年，形式设计团队加入策展中；2022 年，展览如期对公众开放，一个充满创意的展览呱呱落地。

　　展览从无到有，历时十多年，时间似乎很是漫长，但实际的过程我们却嫌时间太短、分秒必争。我们遇到了种种的困难，得到了众多的关爱和帮助，也积累了经验，培养了队伍。展览如约而至，饱含了各级领导、众多专家学者以及策展团队的心血与智慧。感谢中国博物馆协会刘曙光理事长给我们编写策展笔记的机会，让我们得以系统回望这十多年的历程，总结经验、分享心得，也让我们得以在梳理和总结中不断自我完善、自我提升。

　　这本《风起伶仃洋：中山市博物馆基本陈列策展笔记》集结了全馆策展同仁的努力，从策划展览到落地展览再到书写展览，大家再一次从不同的角度解读与梳理了中山市博物馆的基本陈列。本书由展览总策划刘志伟提供学术指导，由展览总策划吴春宁总体统筹、负责本书整体构架和撰写团队搭建以及初稿内容审核，由展览项目统筹余子龙主持具体撰写工作。书中"引言"部分由展览总策划刘志伟、项目统筹余子龙撰写；"导览"部分由策展团队编写、寇海洋整理；"策展"部分的"内容构想"板块由策展团队的周剑、陈庆海、陈波、余子龙、李光先、寇海洋撰写（以撰写内容先后为序），"素材构建"板块由余子龙、周剑、陈波、寇海洋、陈庆海撰写，"落地转化""设计手法"板块由潘敏怡撰写；"观展"部分由周剑、陈波撰写；"结语"部分由吴春宁、余子龙撰写。此外，潘敏怡承担了全书统稿、与出版社编辑沟通的相关工作。

感谢刘志伟先生在策展过程中不辞辛苦的全程指导，也感谢邱捷、李庆新、邓炳权、肖洽龙、魏峻、肖海明、程美宝、张建军、蔡惠尧、邓启耀、张国雄、张应龙、周敏、高伟浓、袁丁、潮龙起、陈奕平、王明惠、胡波、萧润君、徐瓦、陈迪秋、谭文辉、杨彪、龙敏、刘居上、曾海彤、刘大邦、肖伟等专家学者多次为展览内容策划和深化设计提出宝贵意见。

最后，也特别感谢浙江大学毛若寒博士和浙江大学出版社编辑团队为本书出版所付出的辛劳和汗水。